DIANA ZAMORA

DEVOCIONAL
VENCERÁS Y CONQUISTARÁS

40 DÍAS EN AYUNO
Y ORACIÓN PARA
LOS SERVIDORES

BARKERBOOKS

■BARKERBOOKS

DEVOCIONAL VENCERÁS Y CONQUISTARÁS:
40 DÍAS EN AYUNO Y ORACIÓN PARA LOS SERVIDORES

Derechos Reservados. © 2023, DIANA ZAMORA

Edición: | BARKER BOOKS®
Diseño de Portada: Johan Marcel Buitrago
Diseño de Interiores: Gustavo Novas | BARKER BOOKS®

Primera edición. Publicado por BARKER BOOKS®

I.S.B.N. Paperback | 979-8-89204-253-6
I.S.B.N. Hardcover | 979-8-89204-254-3
I.S.B.N. eBook | 979-8-89204-252-9

Derechos de Autor - Número de control Library
of Congress: 1-13102664952

Barker Publishing, LLC
500 Broadway 218, Santa Monica, CA 90401
https://barkerbooks.com
publishing@barkerbooks.com

ÍNDICE

MI COMPROMISO

Con la ayuda de Dios, me comprometo en los próximos cuarenta días a dedicar un momento especial del día para estar en presencia del Señor con este devocional. En una actitud de oración, ayuno y penitencia podré descubrir cuál es mi propósito en esta vida al servicio a Dios. Dispondré mi mente y mi corazón, tomaré mi armadura y saldré victorioso a conquistar más almas para Cristo.

_____

Tu nombre

_____

Fecha

_____

"¿Quién nos separará del amor de Cristo? ¿Acaso las pruebas, la aflicción, la persecución, el hambre, la falta de todo, los peligros o la espada? Como dice la Escritura: Por tu causa nos arrastran continuamente a la muerte, nos tratan como ovejas destinadas al matadero. Pero no; en todo eso saldremos triunfadores gracias a Aquel que nos amó. Yo sé que ni la muerte, ni la vida, ni los ángeles, ni las fuerzas del universo, ni el presente, ni el futuro, ni las fuerzas espirituales, ya sean del cielo o de los abismos, ni ninguna otra criatura, podrán apartarnos del amor de Dios, manifestado en Cristo Jesús, nuestro Señor".

ROMANOS 8:35-39

DEDICATORIA

Primero doy Gloria a Dios, por todas sus bendiciones, y dedico este libro a todos los servidores de Cristo, que muchas veces sacrifican y dejan muchas cosas para servirle a Dios, hasta llegar a poner en peligro su propia vida para anunciar el evangelio en el mundo.

A mis hijos Mateo, Laura Sofía y Sebastián por ser mi motor de esfuerzos y de logros en lo personal y social, a mi papá Jorge Manuel Zamora por su apoyo físico y emocional a lo largo de todo este proceso.

A mi esposo Roberto por estar a mi lado en todo momento y creer en mi capacidad, brindándome su respeto, cariño y comprensión.

EPILOGUE

WHAT COULD BE AND WHAT SHOULD BE

And now it will only be a little while before my police officer comes by to escort me to the van. Most of my being is dreading the funeral. Even though I found her body—saw it with my eyes—I still deny her death. Going to the funeral will be a final affirmation of what I already hate to know.

At the same time, a part of me is looking forward to the funeral. For starters, I'll be able to get out of jail for a little while. But more important, a small part of me sees this as one final opportunity. I can only hope that that is true and that we can take this chance to make amends.

When the officer escorts me to the van and the funeral ceremony, I hope to find everyone I love waiting for me, waiting to comfort me. Here is how I have played it out in my head at night, over and over again, while trying to sleep in my jail-cell-cot:

•••

changing my diapers and cleaning vomit from the shoulders of her clothing.

Her underwear was in place, and I tugged the yellow pastel around her thighs, smoothing the dress out over her legs. I grabbed her a pair of red shoes and put them on her bare feet. I was finished.

I stood at the foot of my mother's bed and watched her for a moment. She looked like she was at peace. She looked like she was at peace for the first time since Fred had sent that horrible letter home, telling us where he'd been.

Again I wondered why this had to happen, why the woman who took care of us brothers had to lose her life. My mother always said she had given her life to us boys, but now, this phrase—meant to be cute—took on a whole new meaning.

I waited until my mother's hair dried, then I went to call the police.

INTRODUCCIÓN

Esta obra, más que un libro, es un diálogo permanente con Dios. Hoy el mundo atraviesa muchas situaciones de dolor, desanimo, frustraciones, falsa espiritualidad y religiosidad, las distracciones nos alejan del amor y el conocimiento de la palabra de Dios.

Un devocional es nuestra actitud en querernos apartar por un momento, y venir obedientemente a escuchar, disponer el corazón, abrir nuestra mente a entender lo que ya está escrito y revelado por Dios para el hombre a través de la palabra de Dios.

Como nos dice Albert Frank en su libro ¿Ya hiciste tu devocional?: "Para el servidor, la Biblia debe ser como el alimento diario, para nuestro sustento, conocimiento y fundamento indispensable de conocer, saber y aprender a obedecer en nuestro Padre Dios, el creador de todo lo que existe".

Pero también es el Espíritu Santo quien instruye, enseña, consuela, guía y dirige al hombre a tener un mejor entendimiento, sabiduría y felicidad.

No tomes este devocional como una actividad más del día en hacerlo por hacerlo, algo rápido, sin sentido, rutinario, obligatorio o hasta mecánico; este devocional tiene un propósito y va dirigido a cualquier persona, ya que como hijos e hijas de Dios somos dignos, escogidos, sanados y llamados a servir, todos tenemos una misión de plantar la semilla, cosecharla para que dé mucho fruto.

Tu actitud es muy importante para el Señor porque significa que estás dispuesto, consciente y con determinación a orar y escuchar su voz. Te invito a que te dispongas a dar lo mejor de sí para Dios.

El tiempo que le dediques a Dios por medio de este devocional, será un regalo maravilloso de Dios para ti, porque llegas con un corazón rendido, dispuesto a obedecer y cumplir sus mandatos.

Aquí encontrarás un devocional para cuarenta días, y cada día un versículo bíblico, una explicación, anécdota o experiencia. Al final de cada día una corta oración en agradecimiento o en petición por esa palabra que has leído. Por último, escribirás un pensamiento o una pequeña reflexión de lo que Dios ha hablado a tu corazón.

El hecho de escribir lo que piensas o sientes es porque es necesario recordar y registrar lo que en algún momento podría ser olvidado acerca de lo que Dios te habló a la luz de la palabra, de la oración y del servicio.

"Dios no necesita de las migajas de tu tiempo, ni tampoco que te apartes todo el día en actitud de oración y reflexión como un monje consagrado "porque en la acción de servir se regocija y el plan para lo que fuiste creado. A él le interesa tu disposición y rendimiento sincero de tu corazón.

Así que te invito a tomar el mejor tiempo, la mejor actitud, busca tu aposento, es decir, tu lugar de refugio y de paz. La escritura dice: "Mas tú, cuando ores, entra en tu aposento y cerrada la puerta, ora a tu Padre que está en lo secreto; y tu padre que ve en lo secreto te recompensará en público. Y orando, no uséis vanas repeticiones, como los gentiles, que piensan que por su palabrería serían oídos" Mateo 6:6-13.

Así que has este devocional con la certeza y la convicción de que encontrarás respuestas a tus preguntas, serás amado y renovado e irás con determinación en la correcta dirección.

DÍA 1
RECONOCE E IGNORA EL RUGIDO

"Sean sobrios y estén vigilantes, porque su enemigo, el diablo, ronda como león rugiente buscando a quien devorar".

1. Pedro 5:8

Han escuchado alguna vez un león rugir?, por supuesto que sí, ¿verdad? Y se han puesto a pensar ¿por qué el león es llamado el rey de la selva, a pesar de que existan otros animales mucho más grandes o fuertes como el elefante, la jirafa, el hipopótamo o más rápidos como el guepardo o la gacela?

Pues bien, simplemente el propósito del rugido del león es intimidar a otros animales, para infundir miedo, terror, a tal punto que paralizara al otro animal, que retrocedan; porque los leones son territoriales, ellos marcan su territorio y ningún otro animal puede ocupar su lugar, si se pasa habrá problemas, peleas, por eso ruge tan fuerte.

De igual forma a nuestro enemigo, le encanta rugir no en voz alta, sino en nuestros pensamientos, nos hace llenarnos de miedo, duda, incertidumbre, desesperanza para intentar paralizarnos.

Esos pensamientos llegan a nosotros a diario y comienzan a bombardear nuestra mente como, por ejemplo: No tienes el talento, nunca vas a conseguir eso que tanto deseas, nunca te pondrás bien

¿Ya viste tu reporte médico? No vas a poder pagar tus deudas, tu hijo no va a salir de la adicción, y la forma en que manejes tú el rugido, determinará tu propósito en tu vida: si crees las mentiras y dejas que el miedo crezca, y te paralice, eso te impedirá ver la promesa.

No podrás ver lo que Dios ya determinó que va a hacer para ti tu TIERRA PROMETIDA.

Pero en vez de escuchar el rugido, tienes que aprender a ignorar el rugido, no prestar atención a las amenazas, el enemigo es un perro rabioso, quizás ladra, pero no muerde, o como león rugiente, pero no es un perro, ni un león, claro que no. No tiene ningún poder sobre ti, el único poder que tiene es el que tú le das a creerte el rugido.

Cuando lleguen esos pensamientos de miedo, ansiedad, angustia, desesperación, reconoce lo que pasa, simplemente es el enemigo rugiendo, no lo puedes detener, pero sí ignorar, tienes que determinar que no te va a afectar. Van a llegar esos pensamientos negativos que son también las energías negativas: "no lo hagas", "no vayas a la misa", "estás cansada, otro día haz el rosario", "no me tienen en cuenta en el grupo", "eres insignificante, no puedes". ¡NO, BASTA!

Vas a escuchar el rugido, pero no tienes que ser intimidado, no tienes que vivir preocupado, el rugido no significa que no tengas fe, o que nunca verás el sueño, el rugido es una señal de que lo que Dios prometió está en camino, a la vuelta de la esquina, el enemigo es astuto y lo sabe y va a hacer hasta lo que esté a su alcance para detener las bendiciones, que Dios ya tiene para ti.

Grandes cosas para tu futuro, tu familia, tus proyectos, tu trabajo, tu salud, el enemigo no estaría metiendo esos pensamientos a tu cabeza, esas amenazas, no te estaría diciendo esas mentiras, porque sabe que tú eres "alguien capaz de derrotar gigantes."

La Biblia dice: el enemigo es un "mentiroso" y no hay verdad en él. Cuando ruge puedes interpretar lo contrario de lo que dice: "Nunca vas a encontrar a la persona correcta, llevas mucho tiempo solo o sola. Tu hijo nunca va a dejar las drogas, no se va a regenerar", tú vas a pensar al contrario y a darle gracias a Dios porque ya viene esa persona correcta que tiene para ti, vas a decir: "Gracias, Señor, porque mi hijo algún día llegará a tus pies y Tú vas a hacer grandes cosas con él, mi familia y yo serviremos al Señor, lo vas a declarar y en fe así será".

Así que simplemente comienza a ignorar el rugido, porque, Dios no te ha traído hasta aquí para abandonarte, Él ha cuidado de ti en el pasado y lo va a continuar haciendo hasta el día que partas a su casa. Y dice también que el enemigo anda buscando a quién devorar, eso significa que no puede devorar a todos, lo que determina es lo que tú vas a hacer con el rugido, si le crees, le temes, te intimidas, te persuade, entonces estarás derrotado. Porque él sabe que estás en su territorio y será ruidoso y rugirá con fuerza, pero no podrá tocarte.

En el año 1989 mi mamá fue llevada muy grave al hospital porque tenía cálculos biliares, es decir en su vesícula, ya estaban muy grandes y tuvo que ser operada de emergencia, los reportes de los médicos no eran muy esperanzadores, nos dijeron que no resistiría la cirugía, además porque se le había infectado la herida, pero mi mama no se rindió, el enemigo venía a mí y me decía: "Tu mamá se va a morir", pero yo me iba a orar a la capilla del hospital, no le creía porque sabía que Dios tenía la última palabra, al paso del tiempo ella se recuperó, fue llevada a casa, continuó con su vida.

Dios tenía otros planes para ella, pero solo porque ella creyó, eso no detuvo el rugido, solo porque tengas fe y estés declarando promesas, no significa que no vayas a escuchar mentiras, amenazas, pensamientos de inseguridad: No va a funcionar, solo ríndete, estás acabado, que no te vas a aliviar, que tu familia no va a hacer restaurada, no tienes que enfocarte en todos los pensamientos negativos que te llegan a tu mente.

El enemigo puede llegar a ser persuasivo, convincente, intimidante, pero no le hagas caso. El pensamiento no determina que vas a ser devorado. Lo que Dios puso en tu corazón te pertenece, no pierdas el rumbo, concéntrate en lograr tus metas, tus sueños, tus proyectos valen mucho y el enemigo lo sabe.

Ahora mismo que estás iniciando este devocional, el enemigo vendrá a ti con esas mentiras, esos pensamientos que esto no sirve, que no te va a llevar a nada bueno, te va a meter que no tienes el tiempo, ni la disposición de sentarte a leer, y a orar para que Dios hable a través de ti y su palabra. Pero te aseguro, mi hermana, mi hermano, que vale la pena, no te dejes derrotar, no creas ese ruido, hazte un favor y cree lo que Dios dice de ti, lo que hace por ti.

Porque lo que ya comenzó, lo terminará, toma el control y aleja esos malos pensamientos en decir: "No, ¡gracias! Dios ya tiene algo mejor para mí". Entonces así el enemigo va a retroceder.

En 2 de Crónicas 32 el rey de Asur hizo que su ejército rodeara la ciudad de Judá, estaban acampados alrededor de las murallas al punto de atravesarlas y tomar la ciudad, su plan era ir a Jerusalén y atacarla. El rey Ezequías dijo a los Israelitas que no se preocuparan, que Dios iba a cuidar de ellos.

Senaquerib el rey de Asur envió una carta a Ezequías rey de Judá diciendo: "¿Qué le hacía pensar que no fuera a ser derrotado como todas esas ciudades? Sus dioses no los salvaron, tu Dios tampoco te va a salvar".

Envió esta carta para intimidarlos, después envió algunos de sus hombres a Jerusalén, llegaron a las murallas y gritaron amenazas, tratando de horrorizar al pueblo para que ellos tuvieran miedo y se entregaran o los capturaran más fácil. Sabían que, si los tenían derrotados en sus pensamientos, si lograban sembrar el temor, entonces podrían derrotarlos en la vida real, los sirios pensaron que se morirían del pánico, que estaban derrotados, pero el Rey Ezequías supo ignorar el rugido y le dijo el pueblo: "No tengan miedo del rey de Asiria, ni de su poderoso ejército porque hay un poder mucho mayor de nuestro lado, pero ellos son solo hombres, nosotros tenemos al señor nuestro Dios que lucha con nosotros". Después Ezequías fue a buscar al profeta Isaías y comenzaron a orar.

Debemos ser como Ezequías conocemos las tácticas del enemigo, pero no le prestamos mucha atención, somos más inteligentes y tenemos con nosotros a un Dios poderoso que nos defiende. Cuando te sientas que no puedes, encuentra personas que te ayuden a orar y a continuar.

Declara victoria frente a la derrota. Sean como Ezequías en decir sean fuertes y tengan valor porque Dios nos librará. La escritura versículo 21 dice que el Señor envió un ángel que destruyó a todo el ejército sirio a sus comandantes y sus oficiales, a todos los mejores guerreros de su ejército. Los israelitas no tuvieron que luchar, ni siquiera que defenderse, a pesar de que las amenazas eran fuertes, pero no eran reales.

Oración: "Señor, te doy gracias porque sé que mis victorias están frente a mí, el enemigo no va a lograr intimidarme, o aturdirme con sus rugidos, ni sus asechanzas me darán miedo, duda o temor, porque tengo la seguridad de tus promesas, de tu llamado y de tu amor infinito. Rindo mi vida a Ti y confío en tu voluntad agradable y perfecta; cierro mi mente y mi corazón a toda duda, inseguridad, incertidumbre y lo abro para llenarme de la fe que hace lo imposible, posible. En el nombre de Cristo Jesús Nuestro Señor. ¡Amén!".

Pensamientos y reflexiones:

DÍA 2
NINGÚN ARMA FORJADA CONTRA TI PROSPERARÁ

"Ninguna arma que hayan forjado contra ti resultará, y harás callar a cualquiera que te acuse. Este es el premio para los servidores de Yavé y la victoria que les garantizo, dice Yavé".

Isaías 54, 17

La sangre de Cristo derramada en la cruz tiene mucho más poder del que imaginamos, como nos dice el Cordero Inmolado en el calvario, Él mostró su amor por mí, para limpiarnos del pecado, sangre para purificarnos, sanarnos y darnos la salvación, preciosa sangre que me da paz, me purifica, me redime, preciosa sangre la de Jesús.

En la vida siempre habrá alguien que esté en contra de nosotros, y constantemente estamos expuestos a peligros que muchas veces no los podemos evitar.

Recuerdo que en mi juventud, saliendo de mi trabajo, dos hombres me siguieron hasta la parada del bus y después me abordaron, apuntándome con un arma en el polo izquierdo de mi cabeza, eran dos chicos jóvenes ladrones que querían que me despojara de mis pertenencias de valor, era un día lluvioso, estaba cayendo la noche y para intimidarme me amenazaron, yo dentro de mí solo pude pensar en Dios y pedirle para que en ese momento no me hicieran nada, aclamé la sangre de Cristo, entregué mi celular, el reloj, la cadena y los anillos de oro. Ellos salieron corriendo y yo le pude dar gracias al Señor por librarme de ese robo.

Años más tarde el hombre del que yo me había enamorado, el padre de mis hijos, en una pelea me colocó un arma en la frente de mi cabeza. Ay, en ese momento, pensé: "Es el fin de todo", pero llegó Dios, una intervención divina y el seguro se atrancó, no pudo disparar contra mí, después me pude zafar de él como pude, me fui a buscar a mi hija que se encontraba en la cuna y salí corriendo de la casa

Siempre he comprobado que, en esos momentos críticos, donde te encuentras en una situación de peligro, donde en cuestión de segundos se te pasa la película de tu vida, y los que han vivido estas experiencias saben de lo que refiero, el poder de la sangre de Cristo y su palabra no tiene fin.

Dios en su providencia no ha permitido que ninguna arma forjada contra mí resulte. Su poder te defiende de tus enemigos, y nos libra del mal.

Puede que estés pasando por momentos en los que la muerte merodea, que han desenvainado espada contra ti, que el ataque es fuerte; pero puedes confiar en el poder de la sangre de Cristo de su palabra, porque mayor es el que está con nosotros que el que se levanta contra nosotros. La sangre de Cristo tiene poder para salvar, sanar, liberar, proteger y su palabra es viva y eficaz, cobra vida en quien la cree, la declara, se apropia de ella y la practica.

Como el apóstol Pablo lo mencionó: "Queridos hermanos en Cristo, no se sorprendan si tienen que afrontar problemas que pongan a prueba su confianza en Dios".

No es nada extraño, pues estamos en una lucha constante, espiritual, donde el enemigo va a venir a golpear nuestro campo de batalla, con el fin de desanimarnos, de alterarnos, sembrar temor, duda, preocupación, de querer apartar nuestra mirada en Dios, para cumplir su misión de siempre, que es robar, matar y destruir todo lo que Dios tiene para ti.

Dios mediante esta situación quiere formar en nosotros un carácter fuerte y firme. No creas que no sentí temor, o angustia cuando tenía esas armas en mi cabeza, pensé que no me libraría, pero ante todo recordé la promesa del Señor escrita en el libro de Jeremías, que desde el vientre de mi madre ya me conocías y te destine a ser profeta de las naciones, así que no debemos temer a las garras del cazador, ni a su rugido como lo vimos ayer, hoy debes estar más firme que nunca confiando en el Señor que ningún arma contra ti va a ser usada en tu contra. Dios tiene el control y recordemos lo que Pablo dijo: "Nos sobrevienen pruebas de toda entre problemas, pero no desesperados, somos perseguidos, pero no eliminados, derribados, pero no fuera de combate. Por todas partes llevamos en nuestra persona la muerte de Jesús, para que también la vida de Jesús se manifieste en nuestra persona".

Pero Dios en Isaías 54,17 te dice:

"Condenarás toda lengua que se levante contra ti en juicio".

Dios te ha dado armas para batallar contra esto, en oración, ignorando las mentiras, reconociendo ese rugido que el enemigo te ataca, declarando las verdades que Dios sabe y ha dicho de ti, recuerda que el Señor es tu juez y tu abogado defensor y promete preparar un banquete delante de tus angustiadores, y hoy los que se ponen en tu contra, mañana serán testigos de la gloria que Dios ha preparado para tu vida.

En el día malo Dios nos librará, nos guardará y nos protegerá, Él es nuestro alto refugio y nuestra torre fuerte, si aclamamos la sangre de Cristo nada nos hará daño.

Oración: "Amado Padre Celestial, me regocijo en tus bondades y me amparo bajo la sombra de tus alas que son mi lugar seguro en medio de cualquier dificultad, Tú más que nadie conoces las armas que mi adversario ha venido forjando en mi contra y de todas las trampas que en el camino ha venido instalando el cazador para verme tropezar, caer y rendirme, pero hoy aclamo el poder de tu palabra y me aferro a tus promesas de cuidado y protección divina cuando atravieso por estos valles de dificultad. Aclamo la preciosísima sangre de tu Hijo amado para limpiarme, purificarme y liberarme, la sangre de mi amado Jesús que vive y reina por los siglos de los siglos. ¡Amén!".

Pensamientos y reflexiones:

DÍA 3
CAMINO DE UN CONQUISTADOR

Hemos escuchado decir que hace mucho tiempo los conquistadores cuando llegaron a América eran hombres aventureros, militares que se extendieron a diferentes territorios, no solo de América, sino a través del mundo. Y podemos nombrar a muchos, pero tomemos como ejemplo a Hernán Cortés que conquistó México y a los aztecas, y Francisco Pizarro que inició la conquista de la civilización inca.

Estos eran motivados por la falta de oportunidades en su tierra natal y con una mezcla de celo religioso y sed insaciable de oro, los conquistadores se arriesgaron a los peligros de la muerte por guerras, enfermedades y desventura por hacer fortuna.

La Escritura dice en Hebreos 11:33-34 que: *"Gracias a la fe, sometieron a otras naciones, impusieron la justicia, vieron realizarse promesas de Dios, cerraron bocas de leones, apagaron la violencia del fuego, escaparon de la fila de la espada, sanaron enfermedades, se mostraron valientes a la guerra y rechazaron a los invasores extranjeros"*.

No es indiferente nuestra historia personal, cada uno de nosotros hemos venido de nuestros países originarios a los Estados Unidos en busca de mejores oportunidades para nuestros hijos, a labrar un mejor futuro para nuestra familia y para nosotros mismos, nos hemos aventurado a enfrentar situaciones de peligro cuando cruzaron la frontera, trabajos no tan bien remunerados a falta de los papeles, humillaciones o enfermedades. Pero solo por la gracia de Dios en medio de esa debilidad, Él pudo sacar lo mejor de nosotros, solo Dios nos da la fuerza para continuar en el camino, este camino ha sido difícil, hasta con espinas, piedras, vientos, mareas, tormentas. Pero, así como todo conquistador, tenemos un espíritu de valentía.

En la lectura de la palabra Deuteronomio 3:18-28 encontramos que los valientes pueden conquistar en toda la Biblia, Dios anima a sus siervos a tener valor. El temor paraliza al hombre y lo ata, impidiendo que despliegue todo el potencial que Dios ha puesto en su corazón. Tenemos que vencer nuestros temores y avanzar. Dios le había dado al pueblo de Israel la tierra prometida por heredad. Ellos confiaban en sus promesas. Muchos de ellos eran valientes. Sin embargo, hay una recomendación que Moisés les da de parte de Dios, pero no se tenían que descuidar. Debemos recordar el día uno y dos, ignorar el rugido, tener la certeza de que ninguna arma forjada contra ti prosperará y además un soldado desarmado está en condiciones de ser derrotado fácilmente por el enemigo. La palabra lo dice en Efesios 6: 13-18.

Todos los hombres de Israel debían salir a la batalla. Ninguno podía quedarse en la ciudad, ese era el lugar para las mujeres, los niños y el ganado. Aquellos que quieren conquistar en el nombre de Jesús no se quedan en su lugar, sino que tienen un espíritu de conquista y avanzan en fe.

Los creyentes deben salir a conquistar. El terreno de batalla no es dentro de los templos, allí no hay lucha alguna. Hay tres enemigos en contra del cristiano: la carne, el mundo y Satanás. El primer lugar que debe ser conquistado es nuestro corazón, allí se libran muchas batallas. El mundo con su cultura y forma de vida nos desafía todos los días a vivir de una manera contraria a los principios de la palabra de Dios. Satanás también está como león rugiente buscando a quién devorar. Por eso tenemos que orar y velar para no caer en tentación y ser vencidos.

Cuanto más avances en tu vida espiritual, mayores luchas tendrás

Los valientes también tienen momentos de reposo: luego de conquistar, Dios les iba a dar un tiempo de reposo. Esto nos enseña que todo tiene su tiempo en la vida, hay un "tiempo de guerra y un tiempo de paz" (Eclesiastés 3:8). Luego de la conquista hay un tiempo para descansar, para reflexionar, para disfrutar lo obtenido. Se debe respetar ese tiempo, pero no debe ser muy prolongado para que no perdamos de vista que luego hay más terreno por alcanzar.

Dios le está dando una hermosa promesa a Josué, que luego ratifica en el capítulo 1 de ese libro, diciendo que nadie le iba a poder hacer frente en todos los días de su vida (Josué 1:5). En ese mismo pasaje le promete que no lo dejará ni lo desamparará. Josué se habrá asombrado de esas promesas.

Quizás le parecieron muy grandes para un hombre como él, que era un simple siervo de Moisés, y que no había tenido la educación real de su maestro. Sin embargo, él recibió las promesas de Dios, las creyó y se esforzó con valentía para conquistar en su nombre.

Josué vio cumplidas en toda su vida las promesas que Dios le había hecho. "No faltó palabra de todas las buenas promesas que Yavé había hecho a la casa de Israel; todo se cumplió" (Josué 21:45). Esto fue maravilloso, **todo se cumplió**. Esto nos debe animar a creer en todo lo que Dios nos ha prometido y a creer que tarde o temprano eso se cumplirá.

"Porque todas las promesas de Dios han llegado a ser un SÍ, y por eso precisamente decimos AMÉN".

(2 Corintios 1:20).

"Que por fe conquistaron reinos, hicieron justicia, alcanzaron promesas, taparon bocas de leones"

(Hebreos 11:33).

Este principio es muy importante porque nos enseña que tenemos que ser valientes, no por nuestros recursos humanos, sino porque Dios nos ha prometido que "Él pelea por nosotros". No estamos solos, no lo hacemos en nuestras fuerzas, sino que Yavé, que es nuestro Dios, está a nuestro lado batallando por nosotros.

Jesucristo ganó la batalla principal cuando murió en la cruz, "y despojando a los principados y a las potestades, los exhibió públicamente, triunfando sobre ellos en la cruz" (Colosenses 2:15). Jesucristo tiene poder "sobre todo principado y autoridad y poder y señorío, y nombre sobre todo nombre, no solo en este siglo, sino también en el venidero" (Efesios 1:21).

Por lo tanto, Él merece la completa sumisión de los que están alistados en su ejército. "Ninguno que milita se enreda en los negocios de la vida, a fin de agradar a aquel que lo tomó por soldado" (2 Timoteo 2:4). Todos deben tener la fe del centurión que reconoció la autoridad de Jesús, diciendo: "No soy digno que entres a mi casa, mas solamente 'di la palabra' y mi criado será sanado" (Mateo 8:8), con eso bastaba.

Muchos creyentes quieren vivir como los israelitas cuando "cada uno hacía lo que bien le parecía" (Jueces 21:25). Recuérdese que todos los soldados de Cristo son voluntarios, pero habiendo entrado en su servicio, han de someterse completamente a la voluntad de su Señor (Dt. 3:23-28).

Dios le dice a Moisés en el pasaje que no entrará en la tierra prometida, aunque le permite luego verla de lejos. Moisés había hecho un gran esfuerzo en sacar al pueblo de Israel de Egipto, y lo había conducido durante cuarenta años por el desierto. Pero Dios había elegido a Josué para la tarea de la conquista. Moisés tenía la suficiente grandeza como para aceptar humildemente la voluntad de Dios.

Oración: "Padre amado, te damos gracias por permitirnos abrir camino de tu palabra, primero en mi corazón y después en mis hermanos, me esforzaré por vivir de acuerdo con tu espíritu, reconociendo que la obediencia a la ley es esencial en cualquier organización. Te serviré siempre con la certeza de que soy un conquistador con humildad y confiado en tus promesas. Te pido que dirijas mis pasos a puerto seguro y que en Ti pueda descansar en nombre de Jesús. ¡Amén!".

Pensamientos y reflexiones:

_____

_____

_____

_____

_____

_____

_____

_____

_____

_____

_____

_____

_____

_____

_____

_____

_____

_____

_____

_____

_____

_____

DÍA 4
VENCIENDO NUESTROS GIGANTES

"Esto fue lo que contaron: Entramos al país donde nos enviaron. ¡Realmente es una tierra que mana leche y miel: ¡aquí están sus productos! Pero el pueblo que vive en ese país es muy poderoso. Las ciudades son muy grandes y fortificadas, hemos visto incluso a los descendientes de Anac".

NÚMEROS 13: 27,28

Vemos cómo Moisés había enviado a doce miembros de Israel a explorar como era su tierra prometida, encontraron muchos productos y las personas que habitaban eran más poderosos que ellos. Esta tierra prometida era un país sobreabundante de muchos frutos que emanaba leche y miel, es decir, tenían una accesibilidad todos a sus productos. Dice la Escritura que el racimo de las uvas era tan grande que tenían que cargarlas en un palo entre dos. Números 13:23-33 ¡Imagínenlo!

Por ende los que habían ido a inspeccionar se asombraron, y más aún al ver que algunos de sus habitantes eran gigantes, estos gigantes eran descendientes de Anac también familia de Goliat y ya sabemos cómo David llegó a vencer a Goliat, a pesar de su tamaño pequeño no se dejó intimidar por la gran altura, por la gran armadura, su experiencia guerrera o manejo con las armas del gigante. No, él estaba confiado que Dios estaba con él todo el tiempo, poseía ese celo espiritual que todo conquistador debe tener. Fue al punto débil de Goliat la parte que estaba descubierta su frente para dar en el punto exacto y vencerlo.

Pero estos hombres se llenaron de temor y comenzaron a dudar, divulgar comentarios más allá de lo que eran ciertos. Eso es lo que hace el enemigo, siembra duda, discordia, la contraparte de la fe no es temor, es la duda hacer creer más en las palabras del enemigo que en las del rey de verdad. Pero en esos momentos críticos de nuestra vida siempre habrá un Caleb y un Josué que busca animar al pueblo y recordarnos las promesas que Dios tiene para nosotros.

No sé a qué clases de gigantes se estén enfrentando en estos momentos mis hermanos, pero encontramos muchos en el mundo: corrupción, el adulterino, la desigualdad social, falsa religión, racismo, abuso, abortos, sacrificio de niños, inmoralidad sexual, enfermedades(pandemia), degeneración y salud mental.

Los descendientes de Anac se quedan cortos con los gigantes que tenemos hoy en día. Ya vimos en los anteriores días cómo vencemos ese enemigo que tenemos y los gigantes que nos enfrentamos a diario, pero con la palabra de Dios que nos sostiene es nuestro pan de vida, para estar alertas y firmes en la victoria.

Existe algo más que debemos reflexionar y es acerca de tu ser, esa esencia que tenemos todos y que nos caracteriza del resto de los demás. Como buenos conquistadores debemos explorar cuatro territorios de nuestra vida, los cuales son:

1. El corazón
2. El alma
3. La fuerza
4. La mente

Si logramos erradicar estas cuatro áreas integrales del ser, podemos en el nombre de Jesús vivir en esa tierra de abundancia perfecta que el Señor ha prometido para nosotros.

El corazón viene del griego *cardos,* es el centro de nuestros pensamientos, emociones, y sentimientos, cuál es el gigante que debemos vencer: el trastorno desregulación disruptiva del estado de ánimo que se simboliza con las siglas TDDEA en inglés se le conoce como *Disruptive mood dysregulation disorder* DMDD es el que se afecta fácilmente y no puede regular sus emociones como lo podemos vencer reconociendo e identificando nuestras emociones. Dios nos hizo seres emocionales porque fuimos creados a imagen y semejanza de un Dios emocional que ríe, llora, se enoja, escucha una canción y danza. Establezca la verdad por encima de la realidad, porque Dios va por encima de toda realidad y circunstancia que podemos enfrentar en este mundo.

Dice Jeremías 17-18: "Pero si rendimos ese corazón y esas emociones al pie de Cristo, venceremos el gigante de la desregulación".

El alma viene de la palabra griega *saiquis,* el alma es uno de los componentes más difíciles de alinear porque el alma como tal tiene también tres componentes que necesitan cada uno equilibrarse para tener una alma sana. El engaño espiritual que nos hace pensar lo contrario para distraernos y separarnos del plan de Dios. El gigante del alma es el miedo, la ira, entre otros, las luchas los vencemos llenándonos de la palabra de Dios, orando sin cesar, aprendiendo a escuchar su voz para tomar decisiones acertadas. Pasar tiempo con Jesús.

La fuerza viene del griego *physis* y en latín *fortia*, plural neutro del adjetivo *fortis*. La fuerza es la mayor parte de nuestra habilidad no solo física, sino espiritual. El gigante que debemos vencer es la debilidad o la creencia que somos débiles, la distracción para no reactivar fuerzas. Lo vencemos desarrollando nuestras habilidades, talentos, anhelos, sueños y deseos con actitudes positivas y confiadas en el Señor, reconociendo nuestras debilidades humildemente

La mente: viene del latín *mentís*. La mente es el conjunto de capacidades cognitivas, mentales que engloban procesos como la percepción, el pensamiento, la conciencia, la memoria, imaginación, entre otras.

Tenemos muchos gigantes que gobiernan la mente como la depresión, la ansiedad, el sufrimiento, pero el principal es el pensamiento negativo y la ira. Lo vencemos con actitudes positivas, aceptando la voluntad de Dios, yendo al punto concreto del problema o la situación y enfrentarlo con ayuda de Dios.

Oración: "Amado Dios, gracias por esta palabra que me has dado el día de hoy por permitir conocerme más para ser consciente de los gigantes que puedo vencer. Hoy coloco mis temores, dudas e inseguridades a un lado y me determino a caminar con fe, gracias a tu palabra, tu bondad y declaro que eres mi fortaleza para continuar en el camino del conquistador. Tú que vives y reinas por los siglos de los siglos. ¡Amén!".

Pensamientos y reflexiones:

Escribe cuáles han sido tus gigantes y
qué has hecho para vencerlos.

_____

_____

_____

_____

_____

_____

_____

_____

_____

_____

_____

_____

_____

_____

_____

_____

_____

_____

_____

DÍA 5
DIOS CUIDA DE TI

"En el Señor nosotros esperamos, Él es nuestra defensa y nuestro escudo; en él se alegra nuestro corazón, en su santo nombre tenemos confianza".

SALMO 33, 20-21

Recordemos de dónde nos sacó Dios, de qué aguas turbulentas, o pozos oscuros, o fosas de lodo, cuando vivíamos una vida sin dirección, sin Dios en nuestro corazón. Antes de mi conversión mi vida era un caos, llegué a tomar tantas decisiones equivocadas, me dejaba llevar por mis impulsos, placeres y deseos. Tanto pecado había en mí que me sentía indigna de ser hija de Dios, me sentía atada a la alabanza y adoración. Pero con su inmenso amor, que no tiene fin, me rescató, curó mis heridas, se llevó la vergüenza de mi pasado y me devolvió la dignidad como mujer e hija suya.

Dios ha cuidado de ti antes del vientre de tu madre con un cuidado muy especial, Él te conoce muy bien, hasta los cabellos de tu cabeza están contados, conoce tus virtudes y tus defectos, al crearte te regalo grandes talentos y dones, te ha cuidado y te ha protegido a través de tu vida. Él tiene un propósito contigo, la obra que ya comenzó contigo la terminará, Él te dice hoy: "Sé fuerte y valiente No tengas miedo ni te desanimes, porque el Señor, tu Dios, está contigo donde quiera que vayas". Josué 1:9

Cuando era niña tuve muchas situaciones de peligro, algunas de ellas fueron: a la edad de cuatro años comí unas semillas silvestres venenosas del campo, me intoxiqué y rápidamente me tuvieron que llevar por urgencias al centro médico para hacerme un lavado.

Después a los cinco años casi caigo a un risco desde un puente colgante al desprenderse la tabla del puente, mi papá que iba conmigo en ese momento pudo reaccionar rápidamente y sostenerme de un pie.

A los siete años tuvimos un accidente automovilístico y el carro, después de rodar varias vueltas, y quedar con las llantas hacia arriba, nos libramos de la muerte por pocos pies, quedamos a la orilla de un río caudaloso.

En mi juventud fui víctima de dos asaltos con arma de fuego y la otra con arma blanca, en esos momentos de peligro la sangre de cristo me cubría, me protegían sus alas del altísimo, y así fueron muchas más experiencias por las que sobreviví, además creo que mi ángel guardián tuvo que trabajar mucho porque siempre fui una niña muy traviesa.

Muchas veces no alcanzamos a comprender la magnitud de su amor, llora, sufre, se alegra, nos contempla porque somos su más hermosa creación. Él cuida de nosotros cuando nos sentimos vulnerables, cuando nos hemos sentido abandonados, traicionados, agobiados, enfermos, depresivos, oprimidos, pero cuando logramos llevar una relación cercana con Dios logramos escuchar su voz que nos habla a través de nuestro corazón es ahí cuando somos testigos de su grandeza y poder. Por eso debemos estar agradecidos a pesar de las dificultades, tribulaciones, por las que estemos pasando, nuestro Abba Padre cumple su propósito, sus promesas, lo recordamos en los días anteriores de este devocional, con las historias de Caleb, Josué, David, llegaron a tener duda, temor, falta de fe, quizás en algún momento le fallaron, pero se cumplió la voluntad del padre, sus promesas llegaron, saco lo mejor de ellos para salvar a otros, solo hay que confiar en Él, el que tiene poder sobre todo.

Si Dios cerró la boca de los leones para Daniel, abrió el mar Rojo para Moisés, detuvo el sol para Josué y abrió la cárcel para Pedro, colocó un bebé en los brazos para Sara, resucitó a Lázaro, entonces definitivamente Él cuida de ti y de tus necesidades. Nada es demasiado difícil para Él.

Oremos: "Padre Amado, en ti espero y descanso. Gracias porque Tú eres mi ayuda en todo momento. Hoy me refugio en ti porque sé que me amas, y cuidas de mí. Coloca tu escudo protector a mi alrededor que tu protección me cubra a mí y mi familia. En ti confío, papá. ¡En el nombre de Jesús, amén!".

Pensamientos y reflexiones:

Medita y escribe de cuántas situaciones en peligro te ha librado y cuidado el Señor.

_____

_____

_____

_____

_____

_____

_____

_____

_____

_____

_____

_____

_____

_____

_____

_____

_____

_____

MI CORAZÓN ES TIERRA FÉRTIL

"Para otros se ha sembrado en tierra buena.
Estos han escuchado la palabra, le han dado
acogida y dan fruto: Unos el treinta por
uno, otros el sesenta y otros el ciento".

MARCOS 4:20

Hermanos, la palabra de Dios debe ser recibida y aceptada en nuestro corazón, pero para eso la semilla debe caer en tierra fértil, no pase como nos dice en la parábola del sembrador, hay una que cae en la ladera, por encima así llegan las aves y se las comieron, si interpretamos quienes son esas aves o pájaros significa el espíritu del mal, que está muy atento a esa palabra para arrancar porque esa palabra puede producir fe y salvación, entonces por eso pone distracciones, turbaciones. San Pablo un día llegó a la ciudad de Éfeso y preguntó que, si habían recibido al Espíritu

Santo, el pueblo les respondió y qué es eso, Pablo los evangelizó y oró por ellos, después se dieron signos carismáticos.

Nos debemos dejar guiar por el Espíritu Santo a través de la lectura de la Biblia o de la predicación para que después pueda dar fruto.

San Jerónimo decía: "Ignorar las escrituras es ignorar a Jesús". Yo puedo decir mucho: "Te amo Jesús", y tener muchas imágenes en mi casa, pero si no tengo una base bíblica no lo puedo conocer es muy importante, muchos son buenas personas, pero ritualistas, esto se llama religión sentimental.

Cuando se recibe el bautizo en el Espíritu Santo todo cambia porque este nos llena, y la Biblia es ese alimento diario que nos satisface, que nos complementa, no se necesita ser un intelectual con muchos títulos, conocemos la manifestación del espíritu santo en el hermano más humilde, quizás con menos estudio porque Dios no ve eso, Él se fija en el corazón.

Eso me quedó muy claro el día que asistí a un congreso del Espíritu Santo, la persona que se subió allí a la tarima era muy leída, muy estudiada, con muchos títulos, pero su prédica fue vacía, la palabra no llegó mucho a las personas que estaban allí, fue como escuchar una clase de un profesor dando una cátedra en una universidad, porque tenía un ego de superioridad, y vanagloria, solo buscaba reconocimiento público, y llamar la atención del oyente participante.

En el libro de Hechos de los Apóstoles cuenta la historia de un hombre que se llamaba Apolos era una eminencia en teología, muy elocuente, sabía la escrituras, pero lo oyeron predicar unos laicos llamados, Ananías, Aquila y Priscila. Ellos que estaban llenos del Espíritu Santo dijeron a este le falta un toquecito, tiene mucho conocimiento, pero lo llevaron aparte y le ayudaron para que recibiera el bautizo en el Espíritu Santo. Entonces sus dotes naturales de gran orador y de gran pensador, salieron a relucir porque tenía lo más indispensable el espíritu santo, por lo tanto, su predicación era más valiosa, llegaba con poder y autoridad, el mismo apóstol Pablo lo pone como ejemplo porque ahora era un Apolos convertido. Este personaje es mencionado en la primera carta a los corintios y en la carta a Tito. Hechos de los Apóstoles 18: 24-25.

Otra parte de la parábola dice que la semilla cayó en la piedra donde no había mucha tierra y pronto broto porque la tierra no era muy profunda. Mateo 13: 1-5.

Esto me recuerda cuando tenía una gran admiración y respeto por un predicador, por su don de dominio propio y autoridad a la hora de predicar, pero de un momento a otro su ánimo decayó, dejó de asistir a la oración y seguimientos, no se le volvió a ver, al cabo de un tiempo lo encontré en una tienda con otra mujer que no era su esposa, creo que se avergonzó, bajo la mirada y se marchó del lugar, es decir estaba en pecado.

Hermanos Jesús dice que la semilla de la palabra puede caer en la piedra cuando estamos en pecado, no logra penetrar, por eso parte indispensable para que la palabra de Dios tenga efecto es que la piedra se convierta en un corazón de carne, es obra del Espíritu Santo. En la India a veces se meten las serpientes a las casas, los habitantes de allí llaman a un flautista porque se mete a un agujero, entonces este comienza a tocar y la serpiente se revuelve porque la música la atrae, pero pone un oído al suelo y con la cola se tapa el otro oído.

Cuando hay predicación, y lectura de la palabra, es la música de Dios que quiere entrar, pero llega el enemigo y procura taparnos los oídos en cualquier forma que sea para que no escuchemos esa palabra que es poder de Dios, porque llega la fe y con ella la salvación.

Moisés dijo al Señor Dios: "Quiero saber ¿cuál es tu nombre?", entonces desde la zarza Dios le dijo: "Descálzate", y Moisés se quitó las sandalias; así mismo, para leer la palabra de Dios hay que descalzarse, es decir, hay que ser humildes, para no leer la Biblia como un libro literario, sino para que escuchemos la palabra de Dios, así mismo cuando estés leyendo este devocional diario, deja que la palabra de Dios entre hasta lo más profundo de tu corazón y te hable que nada te perturbe, te afane, te distraiga.

Jesús se esconde de los sabios y entendidos, se manifiesta a los humildes y sencillos, a la Biblia vamos con humildad, reconociendo que solo Dios nos puede dar la sabiduría y abrir nuestro entendimiento, el que pide e invoca al señor Él les va a dar lo que necesita porque la palabra de Dios no llega para esconderse, al contrario, es para hablar.

San Agustín, Santo Tomás de Aquino, el mismo Pablo eran muy letrados, pero se humillaron ante Dios para que Él les hablara por medio de las escrituras.

Otra parte de la parábola nos dice que la semilla puede caer entre las espinas, puedo que si entre, pero después la ahoga y decía Jesús explicando esta parábola que las espinas significan los afanes materiales, nos preocupamos mucho de las cosas insignificantes, sin sentido como lo que ocurrió en tal capítulo en tal telenovela eso sí lo saben y lo recuerdan a detalles, pero no les pregunten sobre el evangelio de la eucaristía del domingo porque se les hace una laguna mental, ¡no recuerdan nada! Hermanos, la palabra de Dios hay que memorizarla y escudriñarla.

Jesús un día fue a visitar a dos hermanas Marta y María, una de ellas le dio importancia a los quehaceres del hogar, y a tantas cosas; en cambio, María escuchó que Jesús estaba diciendo algo especial y se sentó a poner atención, la otra se molestó con su hermana porque no le ayudaba, y el Señor le contestó: "Ella ha escogido la mejor parte, tú estás muy afanada".

Los afanes del mundo nos impiden darle este espacio al señor diariamente, la Biblia no es para tenerla en la sala, muy dorada y empastada, al contrario, la Biblia es para tenerla rayada, orada y hasta manchada.

El salmo número uno dice bienaventurado el que escucha la palabra de Dios y la pone en práctica no solo ser oidores, sino también hacedores, quiere decir "feliz "el que día y noche medite la ley del Señor.

En la vida de San Juan Bosco se lee que todos los domingos era llevado por su mamá de nombre Margarita, una señora analfabeta a la misa, y cuando salían de la misa, su mamá lo llevaba donde el sacerdote y este le preguntaba al niño que, si había entendido algo del sermón, y San Juan Bosco le contestaba ¡claro que sí, padre!, trato de esto y esto terminado así… El sacerdote se quedaba ¡asombrado, admirado!, aquel niño oía a su mamá analfabeta en las noches que les contaba las historias de la Biblia, porque ella escuchaba la predicación y se las repetía en la casa, que iba a pensar ella que en su aposento tenía un ¡santo!

Hebreos 4, 2 dice: "Nosotros, igual que ellos, recibimos una Buena Nueva, pero a ellos de nada les sirvió el mensaje proclamado porque no fueron de los que creyeron estas palabras". Significa cuando la palabra de Dios nos debe dejar con alegría ante Dios, preguntarle:

Señor, ¡esto que tú dices es la verdad! Un ejemplo para comparar es cuando vemos que en un rin de boxeo el luchador a veces toma a su oponente y lo deja quieto, inmóvil, porque si el otro se mueve le puede llegar a romper un brazo o un pie, así mismo es la palabra de Dios. Nos quita las máscaras, los disfraces, y se nos dice ¡esto eres tú! Por eso Santiago dice que la Biblia es un espejo, qué bella comparación, nos vemos en él, no la gente que te alaba, te vanagloria, debemos ser transformados por la palabra de Dios, de lo contrario no tendría sentido ni efecto.

En el libro de Hechos de los apóstoles 16:14-15 se encuentra el caso de una mujer llamada Lidia, estaba en un grupo de mujeres a la orilla de un río, y estaban orando a Dios, llegó Pablo que estaba buscando un grupo de oración y él les predicó, aquella mujer quedó llena del Espíritu Santo, abrió sus oídos espirituales y se convirtió, después fue una gran colaboradora de Pablo.

Otro caso es el de un etíope, un eunuco de Candaces, reina de Etiopía, un alto funcionario al que la reina encargaba la administración de su tesoro. Había ido a Jerusalén a rendir culto a Dios y regresaba en su carruaje leyendo el profeta Isaías. Entonces el Espíritu Santo dijo a Felipe: "Acércate a ese carro y quédate pegado a su lado". Y mientras Felipe corría, le preguntó: "¿Entiendes lo que estás leyendo?". El etíope contestó: "¿Cómo lo voy a entender si no tengo quién me lo explique?", en seguido invitó a Felipe para que se subiera y se sentara a su lado. Hechos 8:26,31.

Aquí entendemos que el Señor, cuando alguien tiene buena voluntad, le manda a las personas indicadas para que nos ayuden a entender, y con el poder de la palabra recibamos el bautizo en el Espíritu Santo, y nos convirtamos, así como este hombre que quedó lleno del Espíritu Santo, se convirtió, se transformó y lo más importante su corazón quedó lleno de gozo.

Por eso San Pablo en su carta a los gálatas dice: "Es poder de Dios para salvación del que cree".

Oración: "Amado Dios, declaro tu bendición sobre mí. Dame un corazón humilde y agradecido para poder comprender tu palabra y pueda dar fruto en mí y en mis hermanos, oro con el salmo 145:7.8 porque eres justo y bueno, bondadoso en tus acciones, en ti espera mi alma. ¡Amén!".

Pensamientos y reflexiones:

DÍA 7
RENOVEMOS LA FE CADA DÍA

*"Pero sin la fe es imposible agradarle, pues
nadie se acerca a Dios si antes no cree que exista
y que recompensa a los que lo buscan".*

HEBREOS 11,6

Las cosas que parecen imposible serán posibles para Dios, a través de estos años en el caminar con Cristo he escuchado y visto numerosos testimonios acerca de sanaciones de cáncer, de enfermedades incurables, parejas que no podían concebir un hijo que se les había diagnosticado y comprobado esterilidad que no lograban embarazarse, han podido tenerlos y criarlos, quiebras económicas que se han podido volver a levantar, matrimonios a punto de separarse, pero han sido restaurados, hijos perdidos en adicciones y regenerados completamente gracias a las oraciones de una madre que oro sin parar y con la fe puesta su mirada en Dios.

Si nos vamos a los personajes de la Biblia que sufrieron hambre, pestes, persecución, anduvieron en el desierto a punto de morir otros en la cárcel encadenados como Pablo y Silas, el mismo José que fue vendido por esclavo de sus mismos hermanos, que pasó por tantas pruebas antes de convertirse en rey, otros en el horno ardiente el fuego no logró hacerles nada, otros cerraron bocas de leones, el mismo Noé que por fe logró construir una barca y refugiarse allí junto con su familia del diluvio; qué decimos de Abraham, Jacob, Job, Moisés, Sansón, Gedeón, David, Pablo cuando viajaba como prisionero a Roma. Pablo naufragó en una isla, lo mordió la serpiente y salió ileso, cuando Job perdió todo hasta la salud, y mencionemos algunas mujeres de la Biblia: Sara, Miriam hermana de Moisés, Rut, Ana, Judith, Rahab, Débora, Ester, Priscila, Lidia y nuestra madre Santísima la Virgen María. Todos ellos obraron de manera valiente por la fe, pudieron pasar todas esas pruebas, la palabra lo dice, si tuviéramos fe como un granito de mostaza diríamos a las montañas muévanse y ellas se moverán.

Cada uno de los apóstoles tuvieron fe, unos más que otros, pero por ella, atravesaron valles, desiertos, cruzaron fronteras, tuvieron unas muertes horribles que, si comparamos con los tiempos de hoy, nosotros no hemos vivido nada comparado con ellos, y, sin embargo, así nos quejamos, vivimos frustrados, amargados, resentidos, oprimidos, cansados. La pregunta es: ¿por qué? Si se puede decir que tenemos a Dios en nuestro corazón. Hermanos, la persona convertida debe vivir en una actitud alegre, dispuesta, confiada en la providencia del Señor, segura que Dios está con nosotros y no la va a abandonar.

Hace cuatro años, mi cuñada, se fue a visitar a su mamá a México, puesto que llevaba muchos años sin verla, la señora se encontraba muy enferma y decía que antes de morir quería ver a su hija que estaba aquí en los Estados Unidos. Ella emprendió su viaje aun con la duda y la incertidumbre que tenía que regresarse cruzando la frontera ilegalmente, pero se arriesgó, se fue en avión y estuvo varios meses allá, disfrutando de la compañía de su mamá y hermanos.

Al regresar para acá los Estados Unidos tuvo que pasar por varias dificultades, afrontando varias situaciones de peligro, no solo caminar varias horas, esconderse de la migración, trepar y estar a punto de caer por los altos muros, pero sin duda lo que ella más lo llamó osadía y travesía era cruzar por el río donde estuvo a pocos minutos de ahogarse, era de madrugada, estaba a un considerado alto nivel de agua con corriente, todos iban cruzando, ella quedando de última no era capaz de nadar, el agua le entraba por su boca, no podía casi respirar, y sentía cómo luchaba en contra de la corriente, recordó a sus tres hijos, a su esposo y le imploró a Dios que no la dejara morir, en esos momentos ella lanzó con fuerza su pequeña bolsa a un joven hombre que estaba a pocos pies de ella, él tiró de las cuerdas de la bolsa, y la logró jalar hacia él para después sujetarla con la mano y así poder salir rápidamente del agua. Es poderosa la fe que tenemos cuando nos enfrentamos a una situación, cuando sabemos que tendemos de un hilo y se nos puede escapar la vida fácilmente.

Cuando caminamos con Jesús tendremos la certeza de la fe y ¿qué es la fe? Según la Biblia es la certeza de lo que se espera, la convicción de lo que no se ve.

Si en ocasiones nos cuesta creer que las cosas ocurrirán de la mejor manera a nuestro beneficio, solo debemos esperar y creer el favor de Dios. Un cambio en las finanzas, comprar esa casa que tanto soñamos, que cambie el informe médico, encontrar la persona adecuada para casarme, poder conseguir ese asenso en ese trabajo, mejores oportunidades, una carrera universitaria, en fin, son tantas cosas por las que debemos tener fe que sucederán.

Si los personajes anteriormente la tuvieron y Dios los uso grandemente porque no esperar que nosotros también nos use para llevar ese mensaje de amor, de gratitud, de esperanza, consuelo, gozo, paz, de un Dios vivo que habita entre nosotros. Hay cientos de lugares que nos esperan, hermanos, quizás ni nos alcanzamos a imaginar lo que Dios puede hacer contigo y cómo puede llegar a usarte, solo tienes que esperar y creer lo repito que no te quede duda que todo lo puedo en Cristo que me fortalece.

Esta generación se levanta, ha guardado la semilla de fe en sus oraciones. Esa semilla que en algún momento fue plantada por madres, abuelas, tías, hermanas. Una generación que no teme a las pruebas porque sabe que Dios los va a sacar victoriosos de ellas, porque por el poder de la oración siempre pueden encontrar refugio, paz, amor, y esperanza.

Oración: "Amado Señor, danos un corazón dispuesto y agradecido, aumenta nuestra fe como la del centurión, la que se renueve cada mañana como el rocío en las plantas. Como dice la carta del apóstol Pablo a Timoteo: 'Recuerdo tu fe sincera. Así era tu abuela Loide y tu madre Eunice y estoy convencido de que la recibiste de ellas' 2 Timoteo 1:5. Nuestro legado de fe y nuestras oraciones serán un fundamento sólido para nuestras nuevas generaciones. Las bendiciones no tardan, así sea. ¡Amén!".

Reflexionemos: ¿por qué debo tener fe en todo momento?

_____

_____

_____

_____

_____

_____

_____

_____

_____

_____

_____

_____

_____

_____

_____

_____

_____

_____

_____

_____

_____

¿Cómo fortalezco mi fe cada día?

_____
_____
_____
_____
_____
_____
_____
_____
_____
_____
_____
_____
_____
_____
_____
_____
_____
_____
_____
_____

DÍA 8
AYUNO Y ORACIÓN

"Un día, mientras celebraban el culto del Señor y ayunaban, el Espíritu Santo les dijo: "Sepárenme a Bernabé y a Saulo y envíenlos a realizar la misión para la que los he llamado. Ayunaron e hicieron oraciones, les impusieron las manos y los enviaron".

HECHOS 13:2-3

E l ayuno para algunos creyentes llega a ser una práctica confusa, saben que la Biblia lo enseña, pero no logran comprender su propósito, pero al leer la palabra de Dios nos damos cuenta de que tanto los siervos como su pueblo hicieron uso del ayuno para alcanzar victoria en medio de las difíciles batallas que libraron, leyendo algunos salmos escritos por David encontramos que en ocasiones ayuno para fortalecer su relación personal con Dios. Daniel oró y ayunó para buscar una respuesta de Dios, el señor Jesucristo antes de iniciar su ministerio fueron muchos los días que estuvo en ayuno y oración buscando encaminarse en la voluntad de su Padre.

Pablo y Bernabé antes de que los enviaran a las misiones, en la Biblia dice en el evangelio de Mateo 6:16,18: "El Señor dijo: Cuando ustedes hagan ayuno, no pongan cara triste, como los que dan espectáculo y aparentan palidez, para que todos noten sus ayunos. Yo se los digo: ellos han recibido ya su premio. Cuando tú hagas ayuno, lávate la cara y perfúmate el cabello. No son los hombres que notarán tu ayuno, sino tu Padre que ve las cosas secretas, y tu Padre que ve en lo secreto te premiará".

El ayuno es una disciplina espiritual que nos ayuda a centrar nuestra atención en Dios, estar tiempo con él, a escucharlo que él nos tenga que decir, y descubrir su voluntad para poder tomar decisiones de acuerdo con ella. Ahora bien, el ayuno para todos no es igual, el periodo de tiempo puede variar, pero el enfoque en todos los casos debe ser el mismo.

No necesitamos el ayuno para ser aptos ante Dios, tampoco para alcanzar la salvación o la redención, pues para esto solo es indispensable y necesario el sacrificio de Cristo, el ayuno tampoco sirve para manipular las cosas para que se hagan a nuestra manera o su voluntad.

El ayuno debe tener dos componentes importantes:

1. La privación de alimentos y actividades, lo que elimina las distracciones.
2. La conexión total con Dios la que nos permite de fijar nuestra atención en Él y en su palabra en un nivel más profundo.

El ayuno y la oración implica un deseo intenso de escuchar a Dios y un periodo de tiempo para conectarse con él y la disposición de abstenerse de comida o privarnos de algo que nos guste, así el ayuno nos permite poner nuestros deseos físicos bajo el poder del Espíritu Santo. En Él nos desprendemos de nuestro aferramiento material para abrazar lo espiritual y al eliminar la distracción podemos centrar nuestra atención solo en Dios y así clamar conforme sea nuestra necesidad, vamos en contra de nuestro yo y fortalecemos el corazón. El ayuno nos hace dócil al Espíritu Santo.

Cuando la mamá ve que el hijo deja la comida en el plato, le pregunta qué te pasa a ti y se sientan en un diálogo. Cuando Dios ve que tú dejas la comida en el plato igual te pregunta qué te pasa a ti, se entabla el diálogo de la oración, por eso el ayuno nos lleva a una oración más poderosa, la escritura lo dice en Marcos 9,29: "Hay demonios que no salen si no es con ayuno y oración", además lo que más le agrada al Señor es que ese ayuno y esa oración estén acompañadas de obra de misericordia y de justicia de verdad.

Hermanos la vida cuaresmal no son solo unas prácticas sin sentido, que hacían las abuelas de no comer carne los miércoles de ceniza o no más los días viernes, son simplemente estas prácticas son una necesidad que debemos replantear, y reestructurar la respuesta a Cristo Jesús que Él ya constituyó, que está siendo guiada y orientada por el Espíritu Santo, y tú y yo, piezas visibles de este edificio llamado Iglesia Católica que tiene unas prácticas y una disciplina visible, debemos ser corresponsables unos con otros en el ejercicio de un amor verdadero, y si vamos a practicar el ayuno, es precisamente para lograr que el cuerpo de Cristo se revitalice y adquiera un nuevo brillo.

¿Por qué? Un soldado practica tanto ejercicio en el ejército, ¿por qué? Alguien que quiere tener el cuerpo delgado y afinado va al gimnasio, ¿por qué? ¿Una persona que quiere salir adelante en sus estudios necesita prepararse, debe leer tanto y estudiar tanto? ¿Por qué la persona que quiere ganar dinero tiene que trabajar tantas horas para poder aumentar sus ingresos o ganancias? Porque todo lo que vale la pena cuesta, y la vida espiritual se trabaja también con la ascesis, que es el ayuno, la oración y la penitencia.

Si practicas la abstinencia es con un sentido hacia el otro, porque de lo contrario van a ser prácticas vacías sin ningún tipo de sentido. O salirnos de la tangente de nuestra zona de confort y decir: ¿Entonces para qué ayuno? ¿Para qué me sacrifico si soy un pecador?, ni voy a misa. Es como el hombre que dice: ¿Yo para qué me confieso si sigo cayendo en pecado?, es la misma cosa. Entonces es como decir, entonces ¿para qué se baña si hoy ya va a sudar y se va a ensuciar? O ¿para qué tiendo la cama si la tengo que volver a destender en la noche cuando me acueste a dormir?

Hermanos, nuestra vida tiene un sentido para Dios y es una preparación para la vida eterna, entonces de lo contrario ¿para qué nos esforzamos? Si han leído la historia de los santos, ellos fueron personas como nosotros, pero de algo ordinario hicieron lo extraordinario, quizás muchos no lograron ver en vida el sacrificio que hicieron o los cambios de las personas que ayudaron a transformar, pero estoy segura de que cuando llegaron a la presencia de Dios allí Dios los recibió con fiesta, les recompensó. No acumules tesoros aquí en la tierra, ya que no te podrás llevar nada, acumúlalos para disfrutar de las delicias y placeres eternos, pues tiene sentido nuestra vida si esperamos a resucitar con Cristo después de nuestra muerte. Por eso los exhorto a trabajar de una manera seria y profunda nuestra realidad de fe. Dios es el SER PERSONAL que le da sentido a nuestra vida y que nos muestra su amor cada día, y cada vez que vemos el Cristo nos está diciendo: "Mira lo que hice por ti, camina, esfuérzate, esto vale la pena".

¡Amén!

Oración: "Amado Dios, te invito a que entres de nuevo a mi vida, a todo mi ser, lo llenes de luz, de fuerza, y me des la voluntad que necesito para poder entrar con fe y devoción al ayuno y a la oración, pero no de labios para afuera, sino de corazón.

Quiero que habites en mi casa y no salgas de allí para nada, porque tú eres mi Padre y yo soy tu hijo, me llamas por mi nombre y me conoces. Por eso quiero conservar esa relación más cercana, más íntima contigo soy un simple humano mortal que está expuesto a la tentación diariamente que puede caer por la carne y el mundo en cualquier momento. Pero si estoy con el espíritu Santo estaré más fuerte y juntos venceremos. Te lo pido en nombre de tu hijo Jesús y el que vive y reina por los siglos de los siglos. ¡Amén!".

**Pienso y reflexiono sobre cómo es
mi oración y ayuno personal:**

_____
_____
_____
_____
_____
_____
_____
_____
_____
_____
_____
_____
_____
_____
_____
_____
_____
_____
_____
_____
_____

MI CONFIANZA ESTÁ
PUESTA EN DIOS

"No anden tan preocupados ni digan: ¿Tendremos alimentos?, ¿o qué beberemos?, o ¿tendremos ropas para vestirnos? Los que no conocen a Dios se afanan por esas cosas, pero el Padre del cielo, Padre de ustedes, sabe que necesitan todo eso. Por lo tanto, busquen primero su reino y su justicia, y se les darán también todas esas cosas. No se preocupen por el día del mañana, pues el mañana se preocupará por sí mismo. A cada día le bastan sus problemas".

MATEO 6, 31-34

En la vida siempre estamos esperando algo que se cumpla ya sea un sueño, a lograr una meta, a que nos graduemos de la universidad, a encontrar a la persona indicada para formalizar un hogar, o esperando a que se solucione un problema y cuando no sucede tan rápido como esperamos es muy probable que nos frustremos, pero debemos darnos cuenta de que en el momento que oramos y pedimos por esa situación, ya Dios estableció el momento oportuno para que se cumpla la promesa, el momento para que el problema se solucione, la sanación por esa enfermedad, para recibir ese ascenso tan esperado en tu trabajo, para que tu matrimonio perdure, tiempo para tener esos hijos tan anhelados; ese momento puede ser mañana, o en una semana, o en tres años, pero cuando entendemos que el momento oportuno ya fue establecido por Dios, nos quitaremos toda la presión, estaremos esperanzados en que la promesa ha sido planeada por el creador del universo . Aquí es donde debemos tener fe y colocar toda nuestra confianza en Dios.

A lo largo de este caminar con Dios y de conocerle un poco más, a través de estos seis años de conversión y servicio, yo le he depositado toda mi confianza al Señor, aun en la adversidad, en la tribulación, en los momentos difíciles, en la salud, en la enfermedad, en el duelo por la pérdida de un ser querido, en la crisis matrimonial, son esos momentos de prueba donde Dios las permite para saber si verdaderamente estamos con Él, si confiamos o no.

Hace dos años después de la muerte de mi madre, traje a mis hijos a vivir conmigo a los Estados Unidos, con la fe y la esperanza que iban a tener un mejor futuro, mejores oportunidades, y un estatus migratorio legal, porque conocemos lo difícil que es estar en un país que no es el nuestro, indocumentados, sin poder tener la oportunidad de un buen trabajo, portar una licencia de conducción, poder ingresar a un colegio o una universidad, y hasta de tener un seguro médico. Pero tuvieron que pasar dos años de errores, equivocaciones en el papeleo, conseguir un sponsor, eran muchos requisitos del proceso migratorio.

La larga espera se tornaba angustiante, y frustrante para mis hijos, porque se sentían impotentes, atados de pies y manos, viendo que no podían hacer nada, porque no dependía de ellos, pero yo seguía firme y tranquila esperando el momento perfecto de Dios, yo ya sabía que esa promesa se iba a cumplir en el momento preciso y perfecto del tiempo de Dios ya había orado por ello, tenía puesta toda mi confianza en nuestro Señor Jesucristo, solo era cuestión de esperar y pensaba que Dios por medio de esta situación les estaba enseñando a mis hijos una lección para la vida, de que todo no es fácil, las cosas no se consiguen de la noche a la mañana sin lucha, sacrificio y determinación, pero el momento llegó y pudieron obtener su residencia permanente.

Dice el profeta Habacuc: "La visión es para un momento predeterminado, podrá parecer lento la llegada, pero espera con paciencia su llegada. Así pues, que no nos preocupemos por si se nos adelantan en el camino, o porque algo no está saliendo como lo esperábamos, o no contábamos con esa situación, tratemos de seguir nuestro propio camino. Dios sabe compensar por lo que parece ser tiempo perdido" Habacuc, 2:3,4.

Más bien sigamos honrando a Dios con nuestra vida, sigamos siendo rectos con los demás, y pidamos la gracia para esperar los tiempos de Dios según su voluntad, para aceptar sus planes que nos convienen o no.

La palabra dice: "Dios no llevó a los hijos de Israel por la ruta más corta hacia la tierra prometida, porque sabía que no estaban listos para la guerra. Dios puede verlo todo, si los hubiera llevado por la ruta más corta, sus enemigos serían tan poderosos que los hubiera derrotado, así que Dios los llevó por la ruta larga, para protegerlos e irlos fortaleciendo para que pudiera cumplir su propósito", además les proveyó alimentos, agua, vestido. Dios sabe lo que está haciendo, así que no desconfíen. Digan como David:

'Dios mis tiempos están en tus manos, no me preocuparé de por qué algo no ha sucedido o por qué está tardando tanto'. Dios, confío en ti y en que llegará el momento de que todo lo que me has prometido sucederá". ¡ASÍ SEA!

¡Amén!

Oremos: "Dios mío, mi Padre Amado, ante ti me dispongo con humildad, solo en tu presencia, Señor, puedo estar en confianza y seguridad. Tú me das calma en los momentos de dificultad. Me presento ante ti, mi amado Padre, para que oigas mi petición con el amor que me tienes y puedas comprender que solo a ti recurro porque encuentro paz y descanso en la oración, sé que la fe viene de la mano con la confianza por eso te agradezco por todo lo que haces conmigo y los míos. Te alabo y te bendigo, mi Señor".

Pensamientos y reflexiones:

_____
_____
_____
_____
_____
_____
_____
_____
_____
_____
_____
_____
_____
_____
_____
_____
_____
_____
_____
_____
_____
_____
_____

DIOS, EL CENTRO DE TU VIDA

"Mira que estoy a la puerta y llamo: si uno escucha mi voz y me abre, entraré en su casa y comeré con él y él conmigo".

APOCALIPSIS 3:20

Hermanos, esa semilla que sembraste en tierra fértil, debe dar fruto ahora porque eres un conquistador de naciones, fuiste creado por un porqué y un para qué. Tu vida tiene un propósito, no fuiste creado al azar. Fuimos creados para adorar y glorificar a Dios. Es por eso por lo que hoy Jesús está llamando a tu puerta para que le abras y se quede contigo en tu casa para siempre.

Muchas veces hemos cometido errores, tomado decisiones equivocadas, sin pensar y esto nos ha llevado a enfrentar consecuencias, eso hace parte de tu proceso, el alumno no sabe o se equivoca, por eso va a la escuela para que le enseñen, así mismo Jesús debe ser tu maestro, tu guía, tu amigo. Cuando tenemos amigos llevamos una relación más de confianza con ellos. Es por eso que no debemos poner a personas o cosas como el centro de nuestras vidas.

Y es posible que lo que te hizo acercarte a Cristo y a los caminos de Dios haya sido una necesidad, llámese enfermedad, problema financiero muy grande, un problema con la familia, con un hijo, la falta de un trabajo. Pero una vez que tú te acercas, nos bendice, y resuelve el problema, no debemos dejarlo a un lado y no volvernos acordar de Él.

En Isaías capítulo 43: 5, 7 nos dice: "No temas, ya que estoy contigo. Del este traeré tu descendencia y del oeste te reuniré. Le diré al norte: 'Entrégamelos' y al sur: 'No los retengas más'. Devuelve a mis hijos y a mis hijas desde el lejano fin del mundo, y a todos aquellos que llevan mi apellido y que yo he creado y plasmado y hecho en honor mío".

Fuimos creados para glorificar a nuestro creador, y a veces pensamos que solo fuimos creados para crecer, estudiar, casarnos, tener una familia, trabajar, comprar una casa, irnos de vacaciones, los sueños, las metas, los proyectos, son muy importantes, pero son un complemento que nos permite Dios tener y disfrutar son añadiduras a nuestra vida. Dios debe ser el centro de tu vida, porque ese lugar no lo puede ocupar ni tu esposo o esposa, o tus hijos, los nietos, el dinero, la profesión, o el trabajo, hasta tú mismo, y que todo gire en torno a ti. Dios se aparta, ya no sería el centro si antepongo las personas antes que a Dios, mis intereses, personales, mi egoísmo, en algún momento llegarán las equivocaciones, los fracasos, las heridas, la soledad, porque somos seres humanos y nos vamos a sentir mal, frustrados, tristes, deprimidos, en un sube y baja de nuestras emociones. En pocas palabras: ¡SE TE FUE LA VIDA!

¿Qué pasa cuando escuchamos que un famoso del espectáculo sea, actor, actriz, modelo, cantante, reinas de belleza, se quitan la vida? ¿Nos quedamos pensando por qué? ¡Si lo tenía todo! Fama, belleza, dinero, éxito, prestigio. La respuesta es fácil: porque no tenía a Dios como el centro de su vida, en su corazón, las cosas materiales no pueden ocupar ese lugar. Cuando Jesús nació siendo Rey, hubiera podido nacer en cuna de oro, con miles de sirvientes, con lujos, pero Dios no le importa eso. Su lugar de nacimiento fue en un pesebre, un lugar sencillo, de padres humildes, la escritura dice: "Siendo el hijo de Dios y ni siquiera tenía dónde recostar su cabeza."

Dios nos ha dado un primer mandamiento: "Amarás al Señor tu Dios con todo tu corazón, con toda tu fuerza, con toda tu alma". Y el segundo mandamiento nos dice: "Y amarás a tu prójimo como a ti mismo". Dios es Dios, debe estar por encima de todo, el primer lugar, cuando mi centro es Él, los errores, las traiciones, los fracasos, las equivocaciones, los golpes de la vida no me van a afectar tanto al punto de quitarme la vida. No, porque Dios me dará las fuerzas, y el ancla es Jesús quien es el que mantiene de pie para continuar, la brújula que me guía el camino, la luz que ilumina mi ser, el pan que me alimenta.

Hace dos años, tuvimos un gran problema económico, casi una quiebra, por malas decisiones de mi papá, llegamos a perder muchas cosas materiales, si esto hubiera pasado antes de que Dios fuera el centro de mi vida, esto me hubiera abatido, llevado a una depresión. Pero como ya Dios era el centro de mi vida, lo pude soportar, aceptar y continuar.

El amor de Dios es incomparable, extenso, misericordioso, nos ama tanto, que por eso no nos debemos preocupar, el que deja casa, hermanos, padres, mujer, hijos o tierras o persecuciones por causa de mí y del evangelio les aseguro que recibirán cien veces más. Porque está bendecido por Dios, con él nunca hay pérdida, siempre hay ganancia.

Oración: "Gracias, Señor, porque Tú tienes el control de mi vida, me sostienes con la diestra de tu justicia, te pido que me des la gracia para nunca apartarme de tus caminos, y que siempre Tú seas el centro de mi vida, porque eres el alfa y el omega, el principio y el fin. ¡Amén!".

Escribo mis pensamientos que me has dado hoy a través de esta palabra en lo más profundo de mi ser:

_____

_____

_____

_____

_____

_____

_____

_____

_____

_____

_____

_____

_____

_____

_____

_____

_____

_____

_____

_____

_____

_____

DÍA 11
RECIBE LA BENDICIÓN EN EL NOMBRE DE JESÚS

"Porque yo sé muy bien lo que haré por ustedes; les quiero dar paz y no desgracia, y un porvenir lleno de esperanza, palabra de Yavé".

JEREMÍAS 29;11

Cuando Dios dispuso el plan para tu vida, programó las personas correctas, los cambios, las bendiciones que tienen tu nombre, hay promoción, contratos, negocios, cónyuge, todo ha sido designado para que sean tuyos. Y si mantienes la fe y sigues honrando a Dios, un día tomará posesión de lo que ya le pertenece, es una BENDICIÓN preparada.

Eso pasó con Adán y Eva hace siglos, en el libro de Génesis habla que los primeros cinco días, Dios creó los cielos, planetas, el firmamento, tierra, agua y cuando terminó lo grande, prosiguió a hacer las cosas pequeñas, los detalles: plantó un jardín, puso flores, fruta exquisita, ríos, tesoros preciosos en el suelo, como los minerales, hizo todo con exactitud, y belleza todo lo que Dios quería y los detalles finales la escritura dice que tomo Adán en quien sopló su vida y lo puso en el jardín del Edén, y le dio una mujer Eva, una bendición preparada, algo que Dios terminó para él. No llegó allí trabajando noche y día, luchando y pensando cómo voy a sobrevivir: Adán comía de árboles frutales, agua de los arroyos flotando, provisión donde quiera que veía, no tenía que vivir preocupado por qué comer y beber, pensando cómo iba a proveer, porque poseía los recursos, todo lo necesario para una vida abundante. Ellos recibieron bendiciones que Dios les tenía antes de ser creados.

Así mismo, Dios tiene bendiciones preparadas y reservadas especialmente para ti, trabajando a tu favor para ponerlo todo exactamente en el lugar donde tiene que estar y en el tiempo correcto lo va a traer a tu jardín. Quizás muchas veces ni lo merecemos, o no lo ganamos, pero es la bondad de Dios trayéndolo a una bendición preparada.

Tener padres, los hijos, un esposo o esposa, un buen trabajo, un negocio propio, una casa, ganarse la lotería, una carrera, comida en su mesa todos los días, un techo dónde vivir, protegerse del frío, amigos, todas esas cosas son bendiciones que Dios ya destinó para ti, que en algún momento llegarán en el tiempo correcto con el favor de Él. Así que no te desanimes, quizás no lo veamos llegar, hay muchas personas que en ocasiones buscan un consejo o me preguntan por qué Dios no se acuerda de ellas, o no ven llegar las bendiciones, pero yo te digo todo llega cuando tiene que llegar. Me dicen sí, pero ¿cuándo? Quizás una semana, un mes, un año, dos, tres, o hasta veinte años.

Dios tiene ya todas las bendiciones preparadas para ti, a mí me tardó más de veinte años para que llegara la persona correcta, el hombre que hoy es mi esposo, enamorado de Dios al igual que yo y juntos tratando de agradarle al Señor todos los días, con defectos, con virtudes, pero con un mismo objetivo, una misma meta: agradar a Dios y buscar la salvación. Quizás tú estés pasando por un proceso lento, difícil, una dificultad, una enfermedad, quieres tener un hijo y no has podido, pero deja que Dios te hable hoy y te diga: "No he terminado aún mi bendición para ti". Él te dice: "Estoy trabando en eso, pero ya lo tengo programado, está presente, en mi mente es única y especialmente para ti".

Y cuando llegue esa bendición, recíbela inteligentemente, atesórala, adminístrala con sabiduría, no pase que otro llegue y te la arrebate, no seas como el insensato que las desperdicia, coloca pretextos, conformista, no sale de su zona de confort. Le da envidia de las bendiciones de los demás, cuando Dios se las da, siendo fieles y honrando a Dios, en tu jardín de bendiciones no habrá escasez, ni falta de recursos, vendrán las oportunidades, la creatividad, la paz, el gozo, cuando seas tentado con el desánimo date la vuelta y dale gracias a Dios por darte una tierra abundante y sin carencias donde mis dones y talentos saldrán a plenitud, cumplirás la misión por la cual Dios te ha preparado, y todos los de tu casa le servirán al Señor.

Dios tiene pensamientos de paz y no de mal, la palabra paz proviene del hebreo *shalom*, que significa plenitud, totalidad, integridad, bienestar, salud, solidez, tranquilidad, prosperidad, perfección, descanso y armonía, te invito a dejarte guiar por el Espíritu de Dios, pues Él quiere dirigir tu vida hacia ese puerto seguro.

Eres vencedor y no víctima, no tengas mentalidad de derrota, escasez, no pongas excusas, recibe las bendiciones que Dios tiene para ti, abundancia, salud, trabajo, prosperidad, recursos, medios, porque lo amas, lo sigues y le sirves.

Oración: "Amado Dios, gracias por ser ese faro de luz que nos guías a través de las escrituras, sabemos que honras tu palabra y nunca retorna vacía, sino que cumple tu propósito. Hoy recibo tu bendición porque sé que tienes planes de bien y no de mal para mí, ayúdame a discernir cuando me sienta inseguro o tambalee ante las adversidades de la vida, que comprenda cuando se haga tu voluntad y no la mía. Sé que eres un Dios bueno y justo eres mi roca fuerte que me sostiene, en quien encuentro protección. ¡Amén!".

Pensamientos y reflexiones:

DÍA 12
LOS HIJOS, UN REGALO DE DIOS

"La herencia de Yavé son los hijos, recompensa el fruto de las entrañas... Dichoso el hombre que ha llenado de ellas su aljaba; no quedará confuso cuando tenga pleito con sus enemigos en la puerta".

SAL 127,3.5

No es coincidencia que tú formaras un hogar, conocieras esa mujer o ese hombre, se enamoraran y se casaran, tuvieran hijos, el creador del universo ya conocía a tus padres, hijos cónyuge, antes de que nacieran, tenía el nombre de ellos antes de que tú lo eligieras, Dios te los dio como un regalo, han sido prestados y no siempre estarán allí, Él cuenta contigo para cuidar de cada uno de ellos en especial de tus hijos, como sus tesoros más preciados, no son cualquier cosa, son valiosos y preciosos ante sus ojos, así como tú y como yo.

Esos hijos quizás cuesten mucho trabajo, debemos corregirlos, criarlos, educarlos, formarlos, pero Dios te los ha confiado para este trabajo; por esto necesitas decirles cada día: "¡Te amo! Estoy orgulloso de ti, me siento feliz de que seas parte de mi vida". Necesitan oír esto con regularidad, no solo en su cumpleaños, o en San Valentín, o día de la madre, o día del padre, Navidad, nadie se cansa de oír cuando los halagamos, y nos sentimos orgullosos de ellos.

El amor debe expresarse diariamente, una de las mejores formas es con palabras positivas y con gestos amables. Las palabras tienen mucho poder como dice la escritura, pueden bendecir o maldecir, una mala palabra puede ser un cuchillo cortante que puede llegar a herir tan profundamente en un segundo, pero diez años después las personas aún recuerdan y sienten las heridas. Por eso cuando una madre se levanta temprano a preparar el desayuno, limpiar la casa, dejar todo en orden, e ir a llevarlos a sus hijos a la parada del bus o en auto hasta la escuela, está demostrando su más grande amor de entrega, sacrificio, compromiso. O cuando espera hasta altas horas de la noche a que su hijo llegue de la calle, le pregunta si tiene hambre, si va a comer, qué necesita, son esos pequeños o grandes gestos que debemos tomar en cuenta. Si tú, servidor, eres hijo, pregúntate cuántas veces has visto a tu madre o tu padre hacer estos gestos de amor, un buen padre y madre quieren lo mejor para sus hijos, por eso se desvelan cuando de pequeños están enfermos, corren al doctor cuando no se sienten bien, dejan de preocuparse por sus necesidades personales para ocupar la de sus hijos, porque al nacer la prioridad cambia ya no eres tú, ahora son papá y mamá, y son ellos, ¡TUS HIJOS!

Cuando permanecen unidos en el amor, la familia permanece fuerte, y más aún cuando oran juntos, recuerden que la oración más fuerte es la que ustedes padres de familia hacen por sus hijos.

Ustedes son los sacerdotes, profetas, pastores, maestros, los guías, los santificadores de su iglesia doméstica, enseñar desde pequeños la importancia de un Dios Padre creador, los principios, los valores, los padres son el ejemplo, el respeto es primordial, para que los hijos vean y sean el reflejo claro de sus padres. Cuando la familia en verdad es una hoguera, un hogar con la presencia de Dios amor, los hijos van a crecer en ese ambiente.

¡Qué hermoso hacer de cada familia un santuario, donde esté Cristo, donde esté la Santísima Virgen María y el Espíritu Santo reavivando ese fuego de amor en el hogar!

Formar su identidad, dedicarles tiempo, darles esa seguridad, involucrarse en la vida de sus hijos, es vital para la buena salud emocional de ellos, llévelos a la iglesia, conozca sus maestros, conozcan quiénes son sus amigos, escucha y coloca atención lo que ellos escuchan y ven quizás no les guste, pero un hijo o una hija que tiene límites sabe que es amado y valorado.

Cuando yo comencé a salir con chicos y chicas de mi misma edad, mi padre era el primero que salía a la puerta para ver quién era el amigo o la amiga, una vez me siguió hasta la heladería y se escondía detrás de un periódico, pensó que yo no lo veía, pero me hice la que no, solo me reía, comprendí que yo era su prioridad, que su niña ya estaba creciendo y él tenía temor que algo malo me ocurriera.

El profeta Joel dijo: "Despierten a los hombres poderosos, hombres de valor, hombres de honor, hablen una bendición para su familia".

Así es hermanos, su familia debe ser el pilar de nuestras vidas y Dios el centro en un mundo de agitación e incertidumbre, si vas a hacer un conquistador de naciones primero comienza por tu casa, no debemos desanimar a nuestros hijos, o educarlos bajo un régimen militar como si estuviera en el ejército, o aplicar métodos de disciplina severos utilizando todavía el castigo físico que se hace utilizando la fuerza y la violencia, esto causa daños y heridas en el desarrollo emocional y psicológico en nuestros niños, recuerden que este tipo de crianza es considerada como maltrato infantil que lo único que conlleva es causar dolor, malestar, y lesiones física a consecuencia de una mala conducta como dice el Apóstol Pablo en Colosenses 3:21: "Padres, no exasperen a sus hijos para que no se desanimen".

La autoridad padre de familia se gana con respeto, cada ser tiene derechos y deberes y merecen recibir la misma dignidad y respeto de cualquier otro ser humano, sin golpes, gritos, humillaciones. Por eso eduquemos con base en el amor, desarrollando estrategias positivas, habilidades y actitudes necesarias para su vida. Nuestro objetivo es ayudar a nuestros hijos a formarse como personas emocionalmente estables, seguros de sí, con capacidades y destrezas que le permitan desarrollarse más adelante en cualquier campo de la sociedad, pero sobre todo con temor de Dios, esa parte espiritual que nosotros como servidores no debemos dejar atrás. El uso de la violencia es un patrón que viene de tiempo atrás, no debemos continuar con ese patrón de nuestros padres, o abuelos, no puedes justificar el castigo físico para educar, esto ya es considerado violación a los derechos humanos. Los tiempos cambian, por eso mi recomendación es: suspende los privilegios cuando hayan hecho algo malo, explícales y corrígelos, pero de una manera amorosa, con un lenguaje apropiado para que no sientan culpa, sino entender el error y corresponsabilidad.

Oración: "Amado Dios, gracias por darnos a tu hijo nuestro Señor Jesucristo como nuestro hermano y Salvador de los hombres, por permitir leer y meditar tu palabra el día de hoy, porque eres padre y nos entiendes cuando tenemos hijos, sabes que queremos lo mejor para ellos, y nos has dado una gran misión al cuidar de ellos, educarlos y amarlos. Te pedimos bajo el poder del Espíritu Santo, nos ilumines, nos guíes para hacer las cosas correctamente con ellos, basados en el modelo de tu amor, confianza, respeto y sabiduría. Sabemos que son prestados, pero mientras permanezcan al lado de nosotros seremos ese ejemplo fiel y digno de todo padre o madre. Ayúdame a cambiar los viejos sistemas de educación que recibí y comenzar a valorar más los comportamientos positivos de ellos. Te lo pido en el nombre de tu hijo Jesucristo, que vive y reina por los siglos de los siglos. ¡Amén!".

Pensamientos y reflexiones:

1. ¿Qué aspectos positivos les he inculcado a mis hijos durante su crianza?

_____

_____

_____

_____

2. ¿Me considero un buen padre o una buena madre?

_____

_____

_____

_____

3. ¿Qué modelos de crianza les he brindado a mis hijos?

_____

_____

_____

_____

EL AMOR DE LOS ESPOSOS

"Maridos, amen a sus esposas como Cristo amó a la Iglesia y se entregó a sí mismo por ella".

Efesios 5,25

"Así deben también los maridos amar a sus esposas como aman a sus propios cuerpos: amar a la esposa es amarse a sí mismo".

Efesios 5:28

"La escritura dice: "Por eso dejará el hombre a su padre y a su madre para unirse con su esposa y los dos formatean un solo ser".

Efesios 5:31

Hoy en día la familia es una institución en crisis de los matrimonios de forma un poco difícil, en la mayoría más del 50% de los matrimonios terminan en divorcio y cabe preguntarnos cuantos de los que están casados tienen un matrimonio feliz y estable. Es triste reconocerlo porque el día de sus bodas juraron amor, y fidelidad mutua hasta que la muerte los separe, pero en esa relación de pareja se han encontrado mucha frustración y desilusión. El matrimonio no ha sido ni es un motivo de gozo, satisfacción o alegría, sino más bien el terreno donde se libra cada día muchas batallas, una relación llena de conflictos y desacuerdos.

La estabilidad familiar es muy importante para la sociedad. El verdadero amor depende más de los sentimientos, es una decisión que hemos tomado toda la vida, donde se debe abonar, todos los días y regarse como un hermoso jardín, permitiendo enfocarnos más en sus cualidades y virtudes que en los defectos de la otra persona en este caso nuestra pareja. Salomón, uno de los hombres con más sabiduría en la Biblia cada mañana bendecía a su esposa la miraba a los ojos y le decía: "Hay muchas mujeres hermosas, pero tú las sobrepasas a todas", comenzaba el día elogiando a su esposa. La belleza física es fugaz, pero la duradera se halla en el interior.

La mujer que Dios le dio al esposo es un regalo, un tesoro único y nadie tiene sus huellas dactilares. Salomón escribió el cantar de los cantares, en sus ocho capítulos elogia a su esposa más de cuarenta veces, habla constantemente de su fortaleza, belleza, inteligencia, durante todo el día no hay mujer como ella. En la escritura dice que debido a que Salomón elogió a su esposa, así mismo sus hijos la bendijeron también. Esto tendrá un gran impacto de cómo los hijos respeten y honren a su mamá.

¿Sabías que la Biblia te dice cómo amar a tu esposa? Existen diez consejos muy claros, directos y prácticos. Los esposos tienen la responsabilidad de amar y honrar a sus esposas. ¿Te gustaría ser un esposo que ama a su esposa, así como Cristo amó a la Iglesia?, entonces sigue estos consejos:

1. "Ama a tu esposa, así como Cristo amó a la Iglesia" (Efesios 5,25). El amor de Cristo por la Iglesia es ilimitado, nada lo detiene; Él dio su vida por la Iglesia. Bajo la autoridad de Dios, ama a tu esposa como si le dieras tu vida a Dios.

2. "Ama a tu esposa de la misma forma en que amas tu vida." (Efesios 5,28-33). Cuida las necesidades y el bienestar de tu esposa. Siente su dolor y enfermedad, y regocíjate en su salud como si fuera tu propia vida. Sus necesidades espirituales, físicas, emocionales o económicas deben merecer tu esfuerzo absoluto. Solo de esta manera puedes amarla y proveerla, así como lo haces con tu propia persona.

3. "Sé considerado, comprensivo..." (I Pedro 3,7). Para ser considerado, debes renunciar a ti mismo. Cuando ella necesite levantar cosas pesadas, ¡hazlo tú! Si necesita tiempo, ¡dáselo! Ayuda a tu esposa con toda tu energía, muéstrale tu amor con toda consideración. Reza y pide a Dios la gracia para ver en qué ocasiones actúas desconsideradamente, y corrige tu comportamiento, rían más seguido, hagan más caminatas, compartan hobbies juntos.

4. "No seas cruel con tu esposa" (Colosenses 3,19). Cuando una esposa es sensible, las respuestas crueles, tu enojo, los tonos de voz de irritación e impaciencia la afectarán profundamente. Actúa y dirígete siempre a ella con amabilidad y respeto. Recuerda que tu esposa es un regalo precioso o más bien un tesoro que Dios te ha dado.

5. "Honra tu matrimonio; mantenlo puro, siendo honesto en todas las formas" (Hebreos 13,4). Jesús dice: "Las miradas lujuriosas son adulterio" (Mateo 5,28). Mantén tu

matrimonio puro entrenando a tu corazón y ojos para que sean fieles a tu esposa. ¡Tu matrimonio cosechará grandes beneficios si lo haces! Agradécele al Señor la belleza y apréciala, pero mantén tus ojos, alegría, mente y corazón en tu esposa.

6. "No te dejes seducir por otras mujeres" (Proverbios 5,20). Encontrar atractivas a otras mujeres y mirarlas, deteriorará la visión que tienes de tu esposa. Estarás menos satisfecho con ella, y ella se sentirá menos especial para ti. Ningún hombre puede crear el hábito de mirar a otras mujeres sin que su mujer lo note. Cuando le pides a Dios la gracia de mirar atractiva solamente a tu mujer, ella también lo notará y se sentirá como la reina del mundo y tú te enamorarás más de tu mujer.

7. "Llama a tu esposa 'bendita' y elógiala" (Proverbios 31,28-29). Dile que es especial y que es mejor que cualquier otra mujer en la tierra. No menciones solo su belleza física, sino cuánto la valoras como persona. Mira cómo se goza tu esposa mientras le llenas los oídos de elogios. ¡Ella anhela esas palabras y quiere oírlas de ti! Recuerda al Rey Salomón cómo elogiaba a su esposa.

8. "Sé agradecido por tu esposa y date cuenta del favor que has recibido de Dios" (Proverbios 18,22). Piensa en lo solo que estarías sin ella. Adán estuvo solo y no fue bueno para él, así que Dios le dio una esposa. Tienes una compañera para toda la vida, ¡qué bendición! Agradécele a Dios y reza por ella a diario.

9. "Sé una sola carne con tu esposa en todos los sentidos" (Mateo 19,5). Disfruta la vida con ella. Apresúrate para llegar a casa con ella cuando sales del trabajo. Piensa en ella durante el día, llámala a diario. Aprende a llegar a acuerdos

como pareja. Invierte tiempo en hablar y compartir los eventos del día. Muestra un interés genuino, escuchando atentamente, prestando una total atención y mirando a los ojos. Sean como si fuesen uno solo.

10. En el sacramento del matrimonio, tú y tu esposa recibieron la misma gracia; cultívala, ora con ella, asistan juntos a misa y a visitar el Santísimo Sacramento, recen el Rosario; edifiquen su matrimonio cimentado en Jesús y de la mano de María nuestra madre. El amor de Dios nos enseña que el matrimonio no es solo una unión legal o un contrato social, sino un compromiso sagrado ante Dios. Él es quien une a dos personas en matrimonio y les da la gracia para enfrentar las dificultades que puedan surgir a lo largo del camino.

El amor de Dios también nos enseña que el matrimonio es una oportunidad para crecer en santidad y para ayudar a nuestra pareja a crecer en santidad. El matrimonio es una escuela de amor, donde podemos aprender a dar sin esperar nada a cambio, a perdonar y a ser perdonados, a ser pacientes y a ser compasivos.

Por último, el amor de Dios nos enseña que el matrimonio es un llamado a la unidad y a la comunión. Dios desea que el amor de los esposos sean uno en cuerpo, mente y espíritu, y que juntos crezcan en su conocimiento y amor por Él. Cuando Dios es el centro del matrimonio, los esposos pueden enfrentar cualquier desafío y encontrar la fuerza y la gracia para superarlo.

Oración: "Gracias Señor Jesús, por permitirnos entrar en tu presencia este día, por la palabra que nos has dado, porque nos enseña que el matrimonio es un reflejo del amor que Él tiene por su pueblo, y que los esposos deben amarse y respetarse mutuamente como Cristo ama a la Iglesia. Por favor danos la gracia para vivir este amor en nuestras vidas matrimoniales. Si Dios es el centro de nuestro matrimonio, podemos estar seguros de que tendremos una relación duradera y satisfactoria, llena de amor, alegría y paz hasta el fin de nuestras vidas. Así sea, ¡amén!".

Escribe aquí tus reflexiones acerca de este día con lo que Dios te dice a tu corazón. Si ya tienes esposa o esposo o si, por lo contrario, vas a dar ese gran paso de contraer matrimonio que piensas, tómate un momento para escribir y darle gracias a Dios por este momento con tu amado Señor Jesús:

_____

_____

_____

_____

_____

_____

_____

_____

_____

_____

_____

_____

_____

_____

_____

_____

_____

DÍA 14
TODOS TENEMOS UN AGUIJÓN COMO PABLO

"Si quisiera gloriarme, no sería locura, pues diría la verdad. Pero me abstendré, para que nadie se forme de mí una idea superior a lo que ve u oye decir de mí. Y precisamente para que no me pusiera orgulloso de tan extraordinarias revelaciones, me fue clavado en la carne un aguijón, verdadero mensajero de Satanás, cuyas bofetadas me guardan de todo orgullo. Tres veces rogué al Señor que lo alejara de mí. Pero me dijo: "Te basta mi gracia, mi mayor fuerza de manifiesta en la debilidad".

2 Corintios 12: 6,9

El apóstol Pablo era una persona igual que nosotros con virtudes y debilidades y una de ellas era la altivez, en varios versículos de las cartas encontramos que él se enaltecía un poco en varias cosas y como cristiano él luchaba con esto todos los días, por ejemplo, en Filipenses 3; 4-6 nos dice: "Porque, hablando de méritos humanos, yo también tendría con que sentirme seguro. Si alguno cree que puede confiar en tales cosas, ¡cuanto más lo puedo yo!, nací de la raza de Israel, de la tribu de Benjamín, hebreo e hijo de hebreos, y fui circuncidado a los ocho días".

1 de Corintios 14-18: "Doy gracias a Dios porque hablo en lenguas más que todos ustedes".

Filipenses 1-19: "Pues sé que todo esto se convertirá en bien para mí gracias a sus oraciones y a la asistencia que me presta el Espíritu de Cristo Jesús." Estas declaraciones lo podían mostrar arrogante, o vanidoso, pero toda tenía un propósito.

Es así que Dios conocía su debilidad y sabía que él solo no podría con esto, así que esto lo hacía menguar cada vez que su soberbia crecía. Ahora la pregunta más importante: ¿cuál fue realmente el aguijón de Pablo? Hay muchas teorías o historias sobre esto, ya que en la palabra no se menciona con exactitud cuál fue el padecimiento, algunos dicen y la mencionan algunos cristianos que el apóstol sufría de esquizofrenia basándose en lo que escribió: "Un mensajero de Satanás que me envió para que me abofetee y no me enaltezca sobre manera, pero esta teoría la rechazamos, ya que la persona que médicamente sufre de esquizofrenias y conocemos lo espiritual sabemos que esto no puede haberle pasado a Pablo, ya que era un hombre lleno del Espíritu Santo y en nuestro cuerpo que es nuestro templo no puede estar el Espíritu Santo y otro espíritu contrario sería algo totalmente ilógico". Otra teoría es que tenía un problema en la piel, pero esta tampoco es tan acertada ya que solo se encuentra una sola vez en este versículo ya antes mencionado en 2 de los Corintios. Otra la persecución que sufría, o un deseo pecaminoso a lo mejor la codicia, otra doctrina que podría ser acerca de su aguijón que tuvo Pablo era su vista y todo comenzó en el libro de Hechos cuando tuvo un encuentro con Jesucristo: Mientras iba de camino, ya cerca de Damasco, le envolvió de repente una luz que venía del cielo. Cayó al suelo y oyó una voz que le decía: "Saulo, Saulo, ¿por qué me persigues?", pregunto él: ¿Quién eres tú, Señor? Y él respondió: Yo soy Jesús, a quien tú persigues. Ahora levántate y entra en la ciudad. Allí se te dirá lo que tienes que hacer". Los hombres que lo acompañaban se habían quedado atónitos, pues oían hablar, pero no veían a nadie, y Saulo al levantarse del suelo no veía nada por más que abría los ojos. Lo tomaron de la mano y lo llevaron a Damasco. Allí permaneció tres días sin comer, ni beber y ciego". Hechos 9: 3-9.

Vemos, pues, que Pablo recobró la vista por el discípulo Ananías por el llamado que el Señor le hizo a este. Después en Gálatas 4:13 nombra a una enfermedad del cuerpo, pero de lo que estamos seguros era que Pablo no siendo un hombre perfecto, tenía una debilidad como tú y como yo y esa situación lo doblegaba, lo afligía, él omitió esta información quizás para que algún día nosotros lo interpretáramos.

Hermanos, todos y cada uno de nosotros tenemos un aguijón como el que tenía el Apóstol Pablo, y aquí voy a nombrar los tres enemigos que tenemos del alma: la carne, el mundo, y el diablo, todo cristiano creyente está constantemente en esa lucha espiritual y es por eso que debemos mantenernos alertas todos los días, tu servidor que ya conoces el poder de Dios y estás convencido de lo que hacen las tinieblas del mal, cuanto más no necesitas estar vigilante e incesante en oración, la palabra de Dios nos muestra y nos presenta un Dios que crea, que sustenta, y gobierna su creación, además es soberano porque a pesar de todo lo que pasaron las antiguas civilizaciones y el pueblo en necesidades, en persecuciones, en angustias, tribulación solo esta visión confiamos en

Dios que controla y ordena todo, entonces podemos interpretar el sufrimiento como un don y el aguijón como una bendición.

Todos hemos experimentado eso que nos aflige, que nos doblega, que nos humilla, como: la persecución, la debilidad, la escasez, temores, traumas, dolores, engaños, traiciones, mentiras. También nos podemos identificar con Pablo para que suplicar a Dios, para que ese agujón sea removido, lo quite, pero muchas veces permanece. Quizás el objetivo del aguijón tiene un doble propósito: el negativo es para que no nos llenemos de orgullo y el positivo es para permanecer humilde y estar más dependiente de Dios, si lo vemos de esta manera el aguijón puede llegar a ser un instrumento de santificación, un medio para parecer más a Cristo, puede que muchas veces no entendamos por qué nos pasa esto, pero debemos darle las gracias a Dios porque solo Él conoce sus propósitos para contigo. Quizás que seamos más humildes, obedientes, centrados, honestos, sinceros, intuitivos, amistosos, en realidad la salvación tiene como objetos transformarnos a la imagen de Cristo en el centro de redención, está el propósito de restaurar nuestra imagen afectada por el pecado y Satanás nunca quiere que seamos como Cristo, Satanás quiere separarnos del amor y de los planes de Dios. El enemigo aprovecha la ocasión para tentarnos y para desviarnos del camino, si nos desenfocamos es muy fácil perder el rumbo y sentido del cual fuimos hechos y es: EL SERVICIO A LOS DEMÁS.

A veces la queja, la incredulidad, la duda, murmuración nos aleja de los planes y designios del Señor, pero Él permitió que Satanás probara a Job que perdiera todo para probar su fe, y hacerlo más fuerte, esto quiere decir que el diablo está usando y aprovechando esta ocasión contra el creyente para abofetearlo, afligirlo, pero por encima de Satanás se encuentra Dios, y está obrando el Señor quiere hacernos más humildes y menos arrogantes. Cristo es la autoridad y está por encima de los ángeles, y mucho más de los ángeles caídos que se revelaron en el cielo. Todo aquello que contribuya a la obra de Dios en tu vida será una bendición, será un don, un regalo, aunque a veces vengan esos momentos de debilidad y digamos: "Señor, ¿dónde estás?". Solo hay silencio y se levantan las tormentas, ahí está el Señor contigo. En medio de la prueba podemos preguntar qué podemos aprender de esto, porque la gracia de Dios es lo único que necesitamos para ser fuertes, y Dios mediante esa debilidad en nosotros se glorifica.

Oración: "Señor contigo a mi lado, sé que el aguijón lo podré soportar, y no definirá el propósito que Tú quieres hacer conmigo, solo tus fuerzas me renuevan cada mañana y avanzaré así hasta llegar al final de mi carrera, que es la vida, porque esta es la mejor escuela, nos da lecciones y así aprendemos cada día, quiero recibir el premio celestial que tienes preparado para mi final terrenal".

Reflexiona y piensa: ¿cuál es ese aguijón que te atormenta?

_____

_____

_____

_____

_____

_____

_____

_____

_____

_____

_____

_____

_____

_____

_____

_____

_____

_____

_____

¿Cómo puedes superar esas pruebas?

_____
_____
_____
_____
_____
_____
_____
_____
_____
_____
_____
_____
_____
_____
_____
_____
_____
_____
_____
_____
_____
_____
_____
_____

DÍA 15
CUANDO PASAS POR EL DESIERTO

"Luego sacó a su pueblo como ovejas, los guio, como rebaño en el desierto; los condujo seguros, sin temor, mientras que el mar cubría a sus enemigos".

SALMO 78:52

De alguna manera en nuestras vidas hemos pasado por el desierto espiritual y aunque no nos guste, debemos aprovechar para buscar a Dios, desde el silencio en la oración, esa fuente de agua viva que nos llegará a reconfortar después de pasar por ese desierto.

La escritura también nos habla que el desierto es un lugar de tentación, morada en el demonio, y recordemos ese pasaje bíblico donde Jesús se retiró a orar por cuarenta días y allí lo tentó el demonio Mateo 4:1-11. Sin embargo, el peregrinaje de Israel después de su liberación de Egipto nos recuerda que los desiertos no solo son cuestiones del destino o temporadas de mala racha o ataques del enemigo; ellos pueden ser lugares de transformación usados por Dios para nuestro bien, si son dolorosos, indeseables, algunas veces son procesos largos o cortos. No importa si tu desierto se llama enfermedad, escasez, silencio, divorcio, desempleo, un hijo que rompe nuestro corazón o la pérdida de un ser querido, pero te aseguro que al salir de allí tú decides si serás una mejor o peor persona, quizás resulte convirtiéndose en algo más maduro y sensible a la voz de Dios o posiblemente más amargado, insoportable o desesperanzado, pero jamás saldrás igual, recuerden que en ese desierto que atravesó el pueblo de Israel Dios los sustentó a diario a través del maná. Pero lo que Dios les quería enseñar a su pueblo era que más allá del sustento y las necesidades físicas, la mayor necesidad que el hombre tiene en estos desiertos: es la dependencia y la necesidad de tener una relación más íntima con Él. En el desierto, donde toda fuente de estabilidad y seguridad desaparece, se hace evidente que necesitamos al Señor.

El pueblo que murió en el desierto no fue por el hambre, o por lo duro de la prueba, sino porque no creyeron en la palabra de Dios, es posible que en tu mente sepas que Jesús es tu Señor y Salvador, pero en la vida cristiana saber las cosas correctas acerca de Dios no son suficiente. El desierto es esa oportunidad para profundizar en esa relación y comunión con Cristo, pues es él la mayor provisión para ti de Dios en el medio del desierto, pues solo mira a Jesús y confía en él.

Hace algunos años mi papá por las malas acciones y decisiones que tomó, se metió en muchas deudas, llegando a tener que afrontar las consecuencias, entre ellas soportar las demandas, los pleitos y las amenazas de las personas que él debía, y no solo eso, sino que arrastró a toda la familia quedando en la ruina total de nuestros bienes. Fueron tiempos muy duros y sé que tú, cuando leas esto, vas a sentirte identificado con este tipo de situaciones, pero son en esos desiertos donde más nos debemos aferrar de las manos de Dios, aprendemos a desarrollar el carácter, perseverar y confiar en su bendita voluntad, Dios utiliza estos como fines y propósitos, son parte de su plan divino, piensa como una semilla ella no puede germinar en la luz, mientras la semilla está plantada en la tierra en un lugar oscuro, pero después cuando crece y sale a la luz genera vida. De igual manera hay semillas en ti como: sueños, metas, talentos, potencial que solo cobrara vida en el desierto espiritual. Si nos ponemos a leer en la escritura, veremos que todos los que hicieron algo significativo atravesaron un desierto, Moisés cometió un error y mato a un hombre paso cuarenta años en el desierto, solo sintiendo que fracaso, pero en ese lugar Dios lo estaba preparando, desarrollando paciencia, humildad, confianza sin ese desierto no hubiera levantado la vara y abierto el mar rojo. Esther, una huérfana que había perdido a sus padres, se sentía sola, olvidada, pero Dios la usó para ayudar a salvar a Israel, Elías estaba tan deprimido que quería morirse, pero es un héroe de la fe, David tuvo un amorío con una mujer casada, mando a matar al esposo, un año estuvo quebrantado, con culpa, remordimiento, pero fue un hombre llamado a través del corazón de Dios.

En esos lugares oscuros reevaluamos prioridades, miremos la pandemia, todo lo que ocasiono casi tres años de distanciamiento, cierre de establecimientos públicos, recortes de personal en los trabajos, usando cubrebocas, encerrados, esto nos proporcionó pasar más tiempo con nuestros hijos, el esposo, nuestros seres queridos, afianzar lazos de amistad, a tener más cuidado con el aprovechamiento de nuestros recursos: agua, luz, teléfono, internet, ver el amanecer, contemplar el atardecer, cocinar más sano al quedarnos en casa, valorar nuestra vida. Y es que cuando atravesamos por esos desiertos, algo se renueva en nuestro interior, somos bendecidos, nos ayuda a replantear nuestra vida, nuestra visión de las cosas.

Cuando se ha pasado por desiertos aprendemos a ser más tolerantes y no quejarnos por cosas pequeñas, no te molestes porque no conseguiste dónde estacionarte, no pierdas la paciencia porque te atoraste en el tráfico, no te ofendas porque un compañero o jefe del trabajo fue grosero contigo, hemos pasado por muchos desiertos y tenemos un temple hecho de acero. Y recuerden que a veces los tiempos buenos no sacan lo mejor de nosotros, sino las noches oscuras, solitarias, las veces que pensamos que no podremos lograrlo solos, cuando no encontramos la solución al problema, cuando no escuchamos la voz de Dios, realmente en esos desiertos, prueban nuestra fe, nuestra fortaleza, nuestra confianza y determinación. Ánimo, mis hermanos, que después de todo desierto viene la bendición.

Oración: "Padre Amado, te doy gracias por amarme y cuidarme en los momentos que atravieso en el desierto, te pido perdón si en algún momento se debilitó mi fe, dame la fortaleza para vivir confiado a tu voluntad, y a tu palabra, te pido la fe para esperar y la fuerza para caminar en el nombre de tu hijo amado Cristo Jesús. ¡Amén!".

Pensamientos y reflexiones:

LAS PROMESAS DE DIOS SE CUMPLEN

"Porque yo sé muy bien lo que haré por ustedes, les quiero dar paz y no desgracia y un porvenir lleno de esperanza, palabra de Yavé".

JEREMÍAS 29-11

E n la Biblia encontramos muchas promesas y eso nos recuerda que Dios cumple con las bendiciones. 2 Pedro 3-9 dice: "El Señor no tarda en cumplir su promesa, según entienden algunos la tardanza. Más bien, Él tiene paciencia con ustedes, porque no quiere que nadie perezca, sino que todos se arrepientan". Algunas veces usamos la oración para quejarnos por todo. Pero Dios ya conoce tu necesidad, cada preocupación y está bien ser sinceros con Dios, y de vez en cuando desahogarnos, pero no convertir la oración en una autocompasión porque eso te desanima más.

Han escuchado la frase: ¿Para qué llorar sobre la leche derramada? Es decir, para qué lamentarse por cosas que ya no tienen remedio, si tú quieres ver que esa situación cambie, que Dios te ayude, encuentra una promesa en donde puedas recordar en la Biblia o en tu palabra. Por ejemplo: "Señor, tú dijiste que cuando viniera el enemigo contra mí, tú lo ibas a derrotar y obtendremos la victoria". "Señor, estos precios de la comida están muy altos, es verdad, Señor que tú dijiste que proveerás, tú pelearías mis batallas, eso le permite a Dios que restaurará la salud, que yo viviré y no moriré, porque Tú dijiste que lo que es imposible para el hombre es posible para Dios".

Comienza a declarar esas promesas con la fe y la convicción de que sucedan, eso te permitirá estar animado, vivir de victoria en victoria, tendrás un motivo por el cual levantarte cada mañana, porque la palabra tiene poder y comenzarán a llegar esas bendiciones y quizás no sucedan de día para el otro. Dios como todo buen padre es fiel a sus promesas, si no piensa cuando tú les prometes algo a tus hijos: si se portan bien, les voy a regalar algo; si obtienes buenas calificaciones en la escuela, te vamos a llevar a tal lugar; si obedeces y cumples con tus labores en la casa te vamos a premiar. Si nosotros como padres terrenales nos comprometemos con nuestros hijos al prometerles algo imagínense cuanto más con Dios, nuestro Padre celestial al cumplir su palabra, Él no puede mentir, Él no va en contra de su palabra, todas sus promesas son un sí y un amén.

Recuerden a Caleb cuando a sus ochenta y cinco años llega con una sola petición a Dios: Dame es monte Ebro para conquistarlo, donde viven los gigantes, donde hay ciudades amuralladas, porque con la ayuda de Dios lo puede conquistar y es por eso que traigo a colación la vida de Caleb, puesto que nos llena de inspiración que pensamos muchas veces que nuestra edad nos limita, nuestra economía, que ya no podemos estudiar, incluso que tengamos derecho a tener sueños grandes en nuestra vida porque ya nuestra edad lo impide. Nos hemos vuelto perezosos, conformistas, pesimistas, creyendo que lo que tenemos hoy es todo lo que Dios nos puede dar. He conocido personas que solo piensan casarse y ya está, y se casan y creen que han conseguido todo, ya no creen que puedan llegar a ser más, otros por ejemplo ya no quieren trabajar más, o entregar un poco más de sí para el servicio a Dios, y de los demás.

Pablo honra a mujeres a través de sus cartas que ya cumplieron su edad: como María, Persida, que han trabajado en el ministerio, Trifena y Trifosa son dos hermanas que trabajaron en el ministerio, o han trabajado y seguro en esa época podrían hacer muchas otras cosas más y donde era más difícil para la mujer involucrarse en el servicio. Y aquí tenemos el ejemplo de Caleb uno podría pensar que a esa edad de ochenta y cinco años ya hizo lo que tuvo que hacer, pero no se presenta a Josué y le dice dame ese monte, él tiene esa convicción de poder conquistar, por eso en esa época los siervos de Dios duraban mucho, porque eran otros tiempos, otras épocas, donde no había tanto pecado, cultura de muerte, de daño a la sociedad como hoy en día. Me imagino un Caleb vigoroso, con fuerzas, con sueños, con metas por realizar, la edad no le limitaba para nada, no le impedía saltar, correr, gritar, reír, llorar, trabajar, alzar cosas pesadas y sobre todo recibir la promesa que fue a los cuarenta y cinco años tuvo que pasar por parte de Dios y le creyó de corazón porque Él no se olvidó. Igual con Abraham y Sara cuando les prometió que iban a tener un hijo, pues ya eran unos ancianos cuando llegó la promesa.

Las promesas de Dios no caducan, no se vencen, son poderosas y nosotros, como sus seguidores y servidores de Cristo debemos tener un espíritu diferente al mundo, que ese de miedo, incertidumbre, acomodamiento, pesimismo, nosotros tenemos el espíritu de Dios en nuestra vida, tú y yo tenemos esperanza en el corazón,

"Caleb tenía un espíritu de mantener el valor aún en contra de todos". Números 14:9. Hermanos, servidores, conquistadores, los invito a mantenernos con ese espíritu de Caleb, fuertes y en victoria, aun cuando todos los demás murmuren, nos critiquen, aun cuando todos se aparten, debemos estar con una actitud optimista y alegre y pensamos erróneamente que si las personas son felices son porque en lo material lo tienen todo, porque les va bien en la vida, y no es así, en realidad las personas tienen éxito porque tienen una actitud diferente y optimista de la vida.

Pensemos en los personajes de la moda, farándula, espectáculo, deporte, cine y televisión que se han suicidado teniendo todo no fueron felices. Hace algunos años trabajé con una familia muy rica, yo era su *babysitter* eran dueños de joyerías, y otros negocios, vivían en una mansión, les puedo describir que su casa parecía un hermoso palacio, decoración traída de varios países, la señora usaba un cuarto solo para su ropa, bolsas y zapatos, igual que el señor Padre de los niños, empleada del servicio, jardinero, chofer, en fin con lujos, que cualquier persona se maravillaría con esa vida, pero en el tiempo que estuve ahí, me pude dar cuenta que no eran felices, porque siempre estaban pendientes del dinero, los negocios, las exportaciones, producir y producir. En lo material tenían todo, además de unos hijos hermosos, pero sus padres no les dedicaban mucho tiempo a los niños, yo conocía más sus gustos e intereses de los mismos que su propia madre, ellos creían que con darles todo lo material, y clases de diferentes actividades, ya fuera música, deporte, artes, fuera del estudio, ya eso era amor, pero les faltaba lo principal en su corazón: el amor de Dios.

En realidad, mis hermanos, ese primer gigante, está en nuestra mente y ese "no puedo" debemos vencerlo, quitar esos miedos, esos obstáculos que nos impiden ir más allá. Preguntémonos hoy ¿qué metas queremos alcanzar en nuestra vida, y qué nos impide llegar a cumplir esas metas, esos sueños, esos proyectos? ¿Qué quieres conquistar en tu vida? ¿Qué promesas te ha hecho Dios?

Pidamos a Dios una oportunidad con la fe y la convicción que Él lo hará, no importa el tiempo que tenga que pasar. Si Dios lo dijo, Él lo hará y si nos conviene en el momento que tú menos lo piensas o lo esperas, pero no le pidas ese monte según tu conveniencia o para satisfacer tus deseos, tu ego, por supuesto que no, es también para bendecir a los tuyos a los que te rodean, a tu congregación.

¡Ánimo, que sí se puede!

Oración: "Amado Padre, te alabo, te bendigo y doy Gloria a ti por todo lo que has hecho y estás haciendo a lo largo de mi vida, Dame la gracia para esperar en ti esa promesa, dame la fuerza y la convicción de Caleb, para ir a conquistar sin importar los gigantes que se nos presenten a lo largo del camino para desanimarnos, y desviarnos de nuestros sueños, metas o proyectos. Hoy me aferro a tu voluntad y confío que esa promesa se cumplirá en el momento perfecto. Porque Tú sabes lo que me conviene o no. ¡Amén!".

Pensamientos y reflexiones:

HAY SANIDAD EN EL NOMBRE DE JESÚS

"Y dijo: 'Si de veras escuchas la voz de Yavé, tu Dios, y haces lo que es recto a sus ojos, dando oídos a sus mandatos y guardando todos sus preceptos, no traeré sobre ti ninguna de las plagas que envié sobre los egipcios; porque yo soy Yavé, el que te sana".

Éxodo 15,26

Cuando leemos la palabra de Dios nos damos cuenta de las muchas e innumerables sanaciones, y milagros que hizo el Señor en su paso terrenal. Sin embargo, como nos narra en Juan 21,25, hay muchas otras cosas que hizo Jesús, las cuales, si se escribieran una por una, pienso que ni aun en el mundo cabrían los libros que se habrían de escribir.

Los libros sinópticos nos dicen que Jesús, cuando comenzó su ministerio público, no solo enseñaba y anunciaba la buena nueva del reino de los cielos, sino que también tenía el poder para sanar el cuerpo y liberar al hombre de la opresión del maligno cuando la gente le llevaban los endemoniados.

Hoy por hoy también vemos muchas sanaciones que el señor está haciendo y no solo físico, sino emocional y espiritual, creo que todos los servidores hemos sido testigos del poder sanador en el nombre de Cristo Jesús a través de cada uno de los retiros, vigilias, horas santas, y demás servicios que hacemos para Él.

En mi caso he visto sanados de cáncer, personas que los médicos, los habían desahuciado, que no había nada que hacer, pero Dios tiene la última palabra. He visto cómo mujeres con diagnósticos de esterilidad, han logrado quedar embarazadas, personas sanadas de tumores, de enfermedades de la vista, con cuadros patológicos graves, donde ya ni la ciencia, ni la medicina podían hacer nada, pero han sido sanadas en el nombre de Jesús.

Dios atiende todas tus peticiones, sin importar donde estés, confía, Él es fiel, clama a Dios en la intimidad de tu hogar, en la pureza de tu corazón, exprésale lo que te preocupa, espera en él y regocíjate en sus obras. La oración de intercesión tiene poder, lo hemos visto y puede hacer una gran diferencia en la vida de las personas.

Aunque muchas veces hemos venido cargando no solo dolencias físicas, sino heridas emocionales, Jesús sana, libera y hace todo de nuevo. Confiemos en esa promesa, y sigamos siendo fiel sin importar los obstáculos o adversidades que se nos presenten en nuestro caminar con Cristo. Mantengamos viva esa fe en las escrituras, nos narran los evangelistas de la inmensa fe que tuvieron todos los que se les acercaba a Jesús a pedir ayuda para sanidad, encontramos el de la mujer que sufría de hemorragias por doce años, como con tan solo tocar el borde de su manto, ella fue sanada. Marcos 5: 25,34.

La mujer encorvada, los leprosos, los sordomudos, los paralíticos, y tuvo el poder hasta de resucitar a los muertos. Lo vemos en el pasaje de Lázaro, (Juan 11:38-44), el hijo de la viuda de Naín, Lucas (7: 11,17) la hija de Jairo (Lucas 8: 49-50)

Dios no sana siempre de la forma en que nos gustaría, pero sí obra en cada una de nuestras situaciones. Él sabe por qué sana o por qué no lo hace. Él es soberano y sabe lo que es mejor en cada situación. No nos corresponde a nosotros entender la mente de Dios o sus acciones. Pero podemos confiar que, en todo, Él tiene un plan para el ser humano y un gran anhelo: **que recibamos su amor y su salvación.**

Por eso Él escoge irrumpir en nuestra vida de diferentes maneras. A veces traerá sanidad física y otras veces nos consolará con su paz y nos hará sentir su abrazo de un modo especial. Pero en medio de cualquier circunstancia podemos confiar en que Él nunca nos dejará solos. No olvidemos nunca que **la sanidad total la recibiremos en el cielo,** cuando estemos disfrutando del cielo nuevo y la nueva tierra. Apocalipsis 21:4-5 dice: "Verán su rostro y llevarán su nombre en la frente. Ya no habrá noche. No necesitarán luz de lámpara ni de sol, porque Dios mismo será su luz, y reinarán por los siglos para siempre".

Asegúrate de que tienes a Jesús como Señor y Salvador tuyo. Es por medio de Él que tendrás acceso a la sanidad más importante, la que concede el perdón de los pecados y la vida eterna.

Esto nos quiere decir que aun en la enfermedad podemos buscar la paz interior, y ofrecer todo dolor y sufrimiento por la conversión de otras almas, o por algún acto de fe que queremos lograr con nuestra familia o con los demás.

A través de la historia del mundo han sido muchos hombres, mujeres santas y valientes consagrados al servicio de Dios que han ofrecido ese padecimiento de su enfermedad al padre eterno, porque sabían que al llegar a su presencia no habría más dolor, pena y sufrimiento.

Oración: "Señor Jesús, en esta oración quiero darte gracias por las bendiciones que me regalas cada día, y pedirte por la sanidad (decir el nombre de las personas) si es tu santa voluntad, sé que amas y diste tu vida en la cruz por nosotros para el perdón de nuestros pecados, quizás no soy digno de entrar en tu casa, pero una palabra tuya bastara para sanarme. ¡Amén!".

Pensamientos y reflexiones:

_____

_____

_____

_____

_____

_____

_____

_____

_____

_____

_____

_____

_____

_____

_____

_____

_____

_____

_____

_____

_____

DÍA 18
DE LAS TINIEBLAS A LA LUZ

"¡Así mismo amó Dios al mundo! Le dio al Hijo Único, para que quien crea en Él no se pierda, sino que tenga vida eterna. Dios no envió al hijo al mundo para condenar al mundo, sino para que se salve el mundo gracias a Él. Para quien cree en Él no hay juicio. En cambio, el que no cree ya se ha condenado, por el hecho de no creer en el Nombre del Hijo Único de Dios. Esto requiere un juicio: la luz vino al mundo, y los hombres prefieren las tinieblas a la luz, porque sus obras eran malas. Pues el que obra mal odia la luz y no va a la luz, no sea que sus obras malas sean descubiertas y condenadas".

Juan 3,16-19

o primero que nos tenemos que preguntar es quién creó la luz, si nos vamos al libro del Génesis 1; 1-3 nos dice: *"En el principio, cuando Dios creó los cielos y la tierra, todo era confuso y no había nada en la tierra. Las tinieblas cubrían los abismos mientras el espíritu de Dios aleteaba sobre la superficie de las aguas".* Dijo Dios: *"Haya luz, y hubo luz. Dios vio que la luz era buena, y separó la luz de las tinieblas. Dios llamó a la luz 'día' y a las tinieblas 'noche'. Atardeció y amaneció: fue el día primero".*

De lo primero que nos damos cuenta, según la palabra de Dios, que antes de comenzar a crear todo lo que existe en la tierra, todo estaba desordenado y confuso, Dios separó la luz de las tinieblas. Así mismo, en nuestra vida espiritual, hermanos y hermanas, Dios quiere ordenar tu vida, pero antes debemos encender la luz. Si por ejemplo tú quieres limpiar tu casa necesitas colocar cada cosa en su lugar, debes tener visibilidad porque no lo podrás hacer de noche en la oscuridad.

El Señor jamás podrá poner orden tu vida y limpiar tu casa que es tu corazón si antes no enciendes tu luz espiritual. Ahora viendo las tinieblas no son solo la ausencia de luz, sino que representa el caos, la confusión, el desorden y, sin embargo, la luz representa: el día, la paz, el orden, muchos versículos en la escritura nos dan a entender que la luz también representa la justicia, la bondad, el favor de Dios sobre un ser humano, el amor. En cambio, las tinieblas todo lo contrario representa: la adversidad, la noche, el pecado, la aflicción, la condenación y la muerte espiritual.

Dice su palabra que cuando Dios creó al hombre a su imagen y semejanza, Génesis 1:26-27, esto lo hizo con el objetivo de tener comunión que significa compartir con Él, es decir, una relación recíproca de amor entre el hombre y Dios, sí, Él es la luz y ninguna tiniebla existe en Él. Entonces qué fue lo que pasó llevando al hombre a las tinieblas. Eso ya lo saben ustedes que tenemos un adversario, el diablo o Satanás, que fue anteriormente un ángel creado por Dios.

Dice en Isaías 14: 12-15: "¿Cómo caíste desde el cielo, estrella brillante, hijo de la Aurora? ¿Cómo tú, el vencedor de las naciones, has sido derribado por tierra? En tu corazón decías: "Subiré hasta el cielo y levantaré mi trono encima de las estrellas de Dios, me sentaré en la montaña donde se reúnen los dioses, allá donde el norte se termina; subiré a la cumbre de las nubes, seré igual al Altísimo." Aquí lo primero que nos damos cuenta de que Dios lo llama estrella brillante, en otras versiones dice lucero de la mañana que significa luz, brillo, este ángel Dios lo creo con esplendor, esa luz que él tenía no era propio, en realidad era algo que Dios había depositado en él. En Ezequiel 28: 12-17 "Tus eras la obra maestra, lleno de sabiduría y de una belleza perfecta. Vivías en el Edén, en el jardín de Dios, donde solo había piedras preciosas: cornalina, topacio y diamante, crisólito, ónix y jaspe, zafiro, malaquita, esmeralda con aros, pendientes labrados en oro, desde el día en que fuiste creado. Te puse de guardia, como un querubín en la montaña santa de Dios: permanecías allí yendo y viniendo entre las piedras de fuego. Desde el día en que fuiste creado, tu conducta había sido perfecta, hasta el día que el mal se anidó en ti. (De tanto comerciar te llenaste de violencia y pecaste); entonces te barrí de la montaña de Dios. Estabas muy orgulloso de tu belleza: tu belleza te hizo perder la sabiduría, por esto te tiré al suelo, para que fueras un espectáculo para los reyes de la tierra."

Aquí leemos perfectamente la maravilla y perfección que Dios había creado de todo lo que reflejaba en sus vestiduras el esplendor de Dios. Por eso su corazón se llenó de orgullo y vanidad y en pocas palabras este ángel le quiso dar un golpe de Estado a Dios, destronarlo, gobernar en el lugar de Dios y ser adorado así como lo es Dios, pero en el reino de los cielos nada sucio, corrupto, e inmundo puede estar allí dice la palabra de Dios el Señor lo sacó, lo echó y así este ángel perdió la posibilidad de vivir cerca de la verdadera fuente de Dios que es luz, la presencia y todo es igual a la muerte espiritual que significa estar separado de nuestro creador. Satanás fue desterrado para siempre del reino de los cielos.

Dios nos dio el libre albedrío que es en pocas palabras el "poder de decisión", Dios es un caballero y nos creó para confiar en Él, su sabiduría es soberana. Él es nuestro Padre y nos guía y nos protege. Pero en el hombre entró la tentación y por ende el pecado y así Satanás quería que el ser humano perdiera lo mismo que él perdió, engañando a Adán y Eva. Con esta decisión y actitud vino la separación del hombre con Dios.

Hoy en día, ¿cuántas personas conoces a tu alrededor que no les importa amar a Dios y vivir con el amparo y la presencia del Señor?, o ¿les importa agradar a Dios, tratan de cambiar su comportamiento, se dejan guiar por Él? ¿Qué les impide disfrutar de esa relación de amor con Dios? ¿Por qué excluyen a Dios de sus vidas en todo tipo de decisiones, propósitos, metas o proyectos? ¿Te puedes imaginar cómo se puede llegar a sentir Dios por estas situaciones? Y tú, servidor, puedes llegar a ser esa luz para otros y llevar ese mensaje de salvación y esperanza para el mundo.

Lo vuelvo a escribir: eres un conquistador de naciones y no debes ser piedra de tropiezo, al contrario, ser ese faro, encendido, esa luz al corazón de los hombres para quitar esas tinieblas y librarlo de esas cosas malvadas por el mundo, la carne y el diablo. Las obras de las tinieblas son: odio, la soberbia, envidia, falta de perdón, el rencor, la avaricia, el egoísmo, la idolatría, las palabras deshonestas, crueldad, traición, homicidios, hechicería, brujería, inmoralidad sexual de todo tipo (fornicación, homosexualismo, lesbianismo, adulterio, borrachera). El Señor Jesús no vino a condenarte, al contrario, Él quiere que tú le des la posibilidad de reconocer tu debilidad, no encubrir todos esos pecados en ese cuarto oscuro de tu mente y tu corazón, para que Él entre e ilumine todo, Él comenzará a limpiar, poner todo en orden, a sacar todo lo que no sirve, y depositar todas esas cosas hermosas que adornarán tu vida y te llevará en perfecta armonía, comunión y amistad con el Padre nuestro Dios eterno para llegar a la vida eterna que es nuestra meta.

Jesús es la luz que brilla en las tinieblas y estas no podrán apagar esa luz jamás, así como todo fruto debe vivir con el árbol, no podemos estar separados de esa relación con Él. Como dice la palabra en Lucas 11: 33-36: "Nadie enciende una lámpara para esconderla o taparla con un cajón, sino que la pone en un candelero para que los que entren vean la claridad, no hay nada oculto que no se descubra algún día, ni nada secreto que no deba ser conocido y divulgado. Presten atención y oigan bien, porque al que tiene, se le dará, pero al que no tiene, se le quitará hasta lo que cree tener". ¡Amén!

Oración: "Amado Dios, fuente de luz, perfecto en conocimiento y rico en sabiduría, dispongo mi vida a tu servicio para ser luz para otros que andan en la oscuridad, ayúdame a perseverar en tus caminos, siempre estar en esa comunión contigo para dejarme guiar a través del Espíritu Santo. Somos llamados a una gran misión y es el de rescatar muchas almas para Cristo, permíteme vencer esas tinieblas cuando lleguen a querer oscurecer o nublar mis pensamientos, sentimientos y acciones. ¡Amén!".

Pensamientos y reflexiones:

_____

_____

_____

_____

_____

_____

_____

_____

_____

_____

_____

_____

_____

_____

_____

_____

_____

_____

_____

AUNQUE ESTÉ EN EL HORNO ARDIENTE, NO TEMERÉ PORQUE EL SEÑOR ESTÁ CONMIGO

"Sadrac, Mesac y Abed-nego respondieron al rey Nabucodonosor: No necesitamos darte una respuesta sobre eso. Si nuestro Dios, al que servimos, quiere salvarnos del horno ardiente y de tu mano, nos salvará. Pero si no lo quiere, has de saber que no serviremos a tus dioses, no adoraremos la estatua de oro que erigiste.

Loco de rabia, Nabucodonosor cambió de actitud con respecto a Sadrac, Mesac y Abed-nego; ordenó que se calentara el horno siete veces más de lo que era necesario. Luego dio orden a los hombres más forzudos de su ejército que ataran a Sadrac, Mesac y Abed-nego para echarlos al horno ardiente con sus mantos, túnicas, turbantes y toda su demás ropa. Como la orden del rey era irrevocable, se había calentado el horno al máximo; así fue como la llamarada mató a los hombres que habían llevado a Sadrac, Mesac y Abed-nego. Esos tres hombres cayeron en el horno ardiente amarrados. Pues bien, caminaban en medio de las llamas, alabando a Dios y bendiciendo al Señor".

DANIEL 3: 16-24

Vivimos días muy particulares, quizás difíciles, inciertos, en todo el mundo hay confusión a nivel moral, político, económico, social, ético de todo tipo por eso debemos que aprender aferrarnos a la palabra de Dios y hoy el Señor nos ha traído esta palabra maravillosa de estos tres hombres, estos siervos de Dios que han decidió poner toda su confianza en Dios y la palabra dice que el rey Nabucodonosor había puesto un decreto, una ley para todo el pueblo tenían que adorar una estatua de oro que él había levantado y si no lo hacían entonces iban a ser arrojados en el horno del fuego, para sufrir, ser castigados. Pero estos tres jóvenes tuvieron fe que si estaban con Dios no les iba a pasar nada. Y deciden desobedecer al rey para agradar a Dios. En tu vida hermanos habrá momentos en los que tú debes decidir si vas a quedar bien con el hombre o agradar a Dios y esto significará a que habrá gente que no entienda a lo que Dios te llamó, porque la fe implica obediencia, aunque otros no entiendan.

En ese tiempo nadie podía cuestionar nada, las leyes eran así estrictas, u obedecías, o te morías, así de simple. Sin embargo, ellos sabían dónde estaban parados, quiénes eran y para qué servían a Dios. Pase lo que pase, no importan los tiempos o circunstancias por las que tú estés pasando, tú eres un servidor de Cristo y para eso hemos sido creados. Aún en esas pruebas difíciles que estés pasando "no temas dice el señor porque ahí estoy yo". Si tú, hermoso servidor, no tienes bien puesta tu fe en Dios, habrá momentos de debilidad y llegarán situaciones que te harán dudar… Pero si tenemos una convicción y eso significa saber qué hacer incluso cuando vengan los momentos de crisis.

La Escritura dice el que ha sido fiel en lo poco, se le va a confiar mucho más. Mateo 25: 21 porque la fe a la que estamos acostumbrados a escuchar está enfocada solamente en obtener beneficios, en alcanzar nuestros propios intereses y eso no está mal, hace una parte de la fe porque sé que Dios es próspero, me bendice y provee. Pero no tenemos fe para los momentos de dificultad, para pararnos firmes en lo que Dios nos ha dicho, incluso cuando nuestra fe se vea amenazada. Nuestra fe debe ser permanente y no temporal.

Dios hizo a la iglesia a prueba de todo, resiste a toda adversidad, a todo tiempo, desde el inicio hubo un montón de personas que quisieron derribarla, destruirla, amenazarla, los apóstoles y mártires que murieron a causa de esa persecución; sin embargo, la iglesia se ha mantenido fuerte, resistente, y creyente. Dios nos quiere llevar a un nuevo nivel espiritual de cristianos que no solo van a la iglesia para que Dios les haga un milagro, sino personas que ya creen que ya son un milagro por lo que Dios está haciendo en sus vidas.

En el año 1997, un año antes de quedar embarazada de mi primer hijo, tuve un accidente motociclista bastante fuerte. Me dirigía a mi trabajo en una motocicleta en la ciudad de Bogotá y cuando debía cruzar al doblar la esquina una camioneta de color blanco con cristales oscuros polarizados, me elevó aproximadamente unos seis pies cayendo a un borde de la carretera, en esos momentos cuando tú sientes que la vida se te va y ves pasar una película de todo lo que has hecho, no lograba imaginar que tan grande iba a hacer esa prueba para mí. Afortunadamente, el casco en mi cabeza me protegió de un golpe fuerte, incluso de una lesión cerebral. Yo no perdí el conocimiento, pues cuando llegaron los paramédicos y me preguntaban cómo me llamaba, yo les di mi nombre, lograba responderles. Así que, con mucho cuidado, inmovilizado todo mi cuerpo, lograron llevarme rápidamente al hospital más cercano y estabilizarme del shock por el impacto del accidente. Mi cuerpo tuvo contusiones severas, moretones e inflamaciones internas, quede tres meses en silla de ruedas y más de seis meses andando en muletas, durante todo ese tiempo no pude trabajar, la recuperación fue larga y dolorosa, era como si tuviera que volver aprender a caminar.

Fue una gran experiencia y lección de vida, gracias al apoyo de mis padres pude volver a salir adelante, pero más que nada fue volver mi mirada a Dios, porque me había convertido en una persona con un corazón endurecido y orgulloso, no más acomodada a mis propios beneficios e intereses.

Fue en esa prueba de pasar por el horno del fuego donde Dios me dijo: "Estás viva por misericordia mía y porque te necesito". No comprendía en esos momentos cómo Dios me pudiera necesitar a mí si yo era tan superficial, a pesar de que antes en mi juventud le había servido a él y creía tener una relación cercana con Dios. Verdaderamente fue un milagro estar con vida porque después del impacto y después de conocer los reportes por la policía y el tránsito no había sido yo culpable del choque, sino que fue una imprudencia por parte del otro conductor que no se había detenido en el stop. Así que mientras sigamos con vida hermanos, como esos tres hombres que a pesar de ser arrojados a ese horno siete veces más ardiente que de lo normal lograron salir ilesos y en victoria.

Si me había protegido con sus alas del altísimo era porque tenía una misión de servirle más allá de toda prueba de fuego. ¡Amén!

Seguro tú has pasado por muchas pruebas y de seguro mayor que un horno de fuego, pero aquí estás y sigues de pie mi hermano, ¡aleluya por eso! Seguramente en algún momento a causa de tu fe y porque has creído en esa palabra que Dios te ha traído, te van a meter a ese horno de fuego: quizás de chismes, falsos contra ti, desanimo, crítica, inseguridades, dificultades, quizás te van a llamar loco, pero si la locura es amar a Cristo, seguirlo y servirlo ¡bienvenido sea! Así que no te preocupes, no vas a salir quemado o achicharronado porque Dios está contigo y no vas a perecer, el diablo no va a poder llevar su cometido contra ti. ¡Amén!

Porque Él té quiere enseñar algo que saques el mejor provecho de esa prueba o de esa situación, Dios te estará esperando adentro de ese horno en medio de esa crisis, de esa dificultad económica, de esa enfermedad, de ese hijo o hija que está perdido en las drogas, en el alcohol, en la pornografía, en esos vicios que los tienen atados el enemigo porque él sabe y es astuto y si no puede contigo, se mete con lo más cercano a ti que son tus hijos lo más sagrado que Dios te ha dado, la bendición de ser madre o padre, pero el Señor viene hoy con esta palabra: "No temas. Me tienes a mí y con eso basta".

Tener fe es la certeza de lo que se espera, y la convicción de lo que no se ve. Camina adentro del horno, y en Victoria porque conozco el autor de la fe. Dice hebreos 12: "He puesto los ojos en Jesús conocerlo y desarrollar una relación íntima y personal con Él. Permíteme oír más tu palabra, abriendo mis ojos y mis oídos espirituales. Los verdaderos discípulos deben pasar por estos procesos de prueba para aumentar su fe, y hacerlos más fuertes".

Oración: "Señor, Tú conoces mi proceso, reconozco que te necesito, por eso vengo ante ti con un corazón dispuesto y humillado, mi mente está alerta y receptiva, quiero aprender más de tu paz, bondad, benevolencia, caridad, fortaleza y misericordia regalos de amor que solo Tú conoces, regálame la gracia que necesito para alcanzar tu favor y poder llamarme hijo tuyo, y nunca soltarme de tu mano. Te lo pido en nombre de tu Hijo amado, que vive y reina por los siglos de los siglos, ¡amén!".

Pensamientos y reflexiones:

_____

_____

_____

_____

_____

_____

_____

_____

_____

_____

_____

_____

_____

_____

_____

_____

_____

_____

_____

_____

_____

_____

RECIBE LA PAZ INTERIOR A TRAVÉS DE LA CONFESIÓN

"En verdad les digo: el que no entra por la puerta en el corral de las ovejas, sino que salta por algún otro lado, ese es un ladrón y un salteador. El que entra por la puerta es el pastor de las ovejas. El cuidador le abre y las ovejas escuchan su voz; llama por su nombre a cada una de sus ovejas y las saca afuera. Cuando ha sacado todas sus ovejas, empieza a caminar delante de ellas, y las ovejas lo siguen porque conocen su voz. A otro no le seguirían, sino que huirían de él, porque no conocen la voz de los extraños.

Jesús usó esta comparación, pero ellos no comprendieron lo que les quería decir.

Jesús, pues, tomó de nuevo la palabra: En verdad les digo que yo soy la puerta de las ovejas. Todos los que han venido eran ladrones y malhechores, y las ovejas no les hicieron caso.

Yo soy la puerta: el que entre por mí estará a salvo; entrara y saldrá y encontrará alimento.

El ladrón solo viene a robar, matar y destruir, mientras que yo he venido para que tengan vida y la tengan en plenitud." Yo soy el Buen Pastor. El buen pastor da su vida por las ovejas".

JUAN 10: 1-11

Hermanos, la penitencia viene del latín *paenitentia* que significa pena entendida en doble sentido de juicio y de tristeza, arrepentimiento, dolor. Ahora bien, en griego significa *metanoia*, quiere decir corregirse y comenzar de mejor manera. Pero definiéndola sencillamente, la penitencia es el acto de confesar los pecados a un sacerdote, como una forma de busca, el perdón de Dios, forma de purificación para el alma y el propósito de no pecar más en el futuro. En pocas palabras, cambio total y mortificación.

San Francisco de Asís dividía el mundo en dos de los que hacían penitencia y los que no la hacían. La penitencia es como bañarse, porque sacamos la mugre de nuestro cuerpo, en este caso de nuestra vida, es liberadora, por lo tanto, nos da paz interior, y es una tarea de toda la vida, "no solo en la Semana Santa, o cuando van a ser padrinos o madrinas y eso porque toca, así lo ordena el cura".

Es fácil perdernos, dice la palabra en Proverbios 28,13: "Ocultar sus faltas no conduce a nada, el que las reconoce y renuncia a ellas se hace perdonar." El Señor es misericordioso, por eso nos brinda la oportunidad de confesar nuestros pecados en una actitud de verdadero arrepentimiento, porque sus leyes son justas y razonables. Dios no nos exige que hagamos largas y cansadoras peregrinaciones o sacrificios, como subir de rodillas a los cerros, o darnos latigazos, para encomendar nuestras almas, no por supuesto que no, basta con confesar su pecado y apartarse de él. Así alcanzará misericordia. Dice el Apóstol Pablo en Santiago 5, 16: "Reconozcan sus pecados unos ante otros para que sean sanados. La súplica del justo tiene mucho poder con tal de que sea perseverante".

Esto quiere decir que, si cometemos faltas, hemos dado motivos de ofensas o hemos agredido a los demás, debemos reconocer la falta, pedir perdón al ser afectado y buscar a Dios en la confesión, porque el hermano a quien has ofendido pertenece a Dios y al perjudicarlo hemos pecado contra su Creador y Redentor.

Cuando nos humillamos a Dios y llegamos con un corazón contrito y arrepentido es porque hemos decidido cambiar de forma radical ese pecado en nuestra vida para ya no cometerlo nunca más. Debemos presentar el caso ante el único y verdadero mediador, nuestro gran sumo sacerdote como nos dice la palabra en hebreos 4; 15-16: "Nuestro sumo sacerdote no se queda indiferente ante nuestras debilidades, pues ha sido probado en todo igual que nosotros, a excepción del pecado. Por lo tanto, acerquémonos con plena confianza a la sede de la gracia, a fin de obtener misericordia y hallar la gracia del auxilio oportuno." La confesión de nuestros pecados, ya sea pública o privada, debe ser de corazón y voluntaria, tampoco hacerse de una manera ligera y descuidada.

He escuchado a muchas personas decir: "Yo para qué me confieso si no he matado o robado, no hecho cosas graves" otros que expresan: "Yo para qué voy donde un sacerdote si Dios lo sabe todo, además el sacerdote es tan pecador como yo."

Cuando el pecado ha amortiguado la percepción moral, el injusto no discierne los defectos de su carácter, ni comprende la enormidad del mal que ha cometido, y a menos que ceda el poder convincente del Espíritu Santo, permanecerá particularmente ciego, sin percibir su pecado, porque cada vez que reconoce su maldad, trata de excusa su conducta declarando que, si no hubiera sido por ciertas circunstancias, no habría hecho esto o aquello.

Después de que Adán y Eva comieron de la fruta prohibida, los embargo un sentimiento de vergüenza y culpa. Al principio solamente pensaban en cómo podrían excusar su conducta y escapar de la terrible sentencia de muerte de Dios, cuando el Señor les habló referente a su pecado, lo que habían hecho. Adán respondió, echando la culpa en parte a Dios y en parte a su compañera: "La mujer que pusiste aquí conmigo me dio del árbol y comí". "La mujer echa la culpa a la serpiente diciendo:" La serpiente me engañó y comí" Génesis 3:12-13.

¿Por qué le permitiste que entrara en el Edén? Esas eran las preguntas y exclamaciones implicadas en la excusa de su pecado, haciendo así a Dios responsable de su caída. Por eso el Espíritu de justificación propia tuvo su origen en el padre de la mentira y ha sido exhibido por todos los hijos e hijas de Adán. Las confesiones de esta clase nos son inspiradas por el Espíritu Divino y no serán aceptables para Dios. El arrepentimiento verdadero induce al hombre a reconocer su propia maldad, sin engaño, ni hipocresía. "Si confesamos nuestros pecados, él es fiel y justo para perdonar nuestros pecados y limpiarnos de toda iniquidad" 1.S. Juan 1:9

Jesús es nuestro buen Pastor que da la vida por sus ovejas, por eso debemos estar listos y preparados en todo momento porque nunca sabemos el día o la hora en que iremos a morir, se han preguntado ustedes, mis hermanos: ¿qué pasaría si llegara la muerte, estando en pecado mortal?, ¿tú crees que encontraremos misericordia?, ¡por eso dichosos los que cumplen la voluntad de Dios, no probarán la muerte de la condenación! "Servidle con ternura y humilde corazón. Agradeced sus dones, cantad su creación. Las criaturas todas, load a mi Señor. ¡Amén!". San Francisco de Asís.

Oración: "Mi buen Pastor que da su vida por sus ovejas, Tú eres mi sanador de cuerpo y alma, venimos ante tu presencia maravillosa, reconociendo nuestras debilidades, nuestras faltas, y culpas con un corazón contrito y humillado para que nos perdones, y consueles, danos la fortaleza para no caer en tentación y dejarnos llevar por la voz del enemigo que solo quiere venir a matar, robar y destruir. Pero tus planes para mi vida siempre han sido de bien y no de mal. Gracias, Amado Padre, por el perdón de mis pecados y por todas las bendiciones en mi vida y por tener paz en mi corazón. ¡Amén!".

Pensamientos y reflexiones:

LA MOCHILA MISIONERA

Por Esteban Domínguez
Cervantes y Diana Zamora

La devoción que se lleva el misionero en su espalda
A su misión la respalda al que en plegarias lo eleva

Mochila que lleva sueños y
Orgullo ministerial pues
Con lo devocional se
Hace grande su misión
Importante convicción de
La palabra llevar
A la misión fomentar con ayuno y oración

Motivado el misionero cuya

Instrucción es precisa pues

Su labor la realiza como

Importante tarea y es

Obvio que se permea con su

Notoria misión de

Entregar con devoción. No puede faltar llevar su

Rosario y su Biblia sus armas espirituales del enemigo astuto, pero eso no le preocupa porque lleva

A Cristo quien lo respalda y lo ama de corazón.

DÍA 21
ATENDIENDO A NUESTRO LLAMADO POR DIOS

"Ustedes no me eligieron a mí; he sido yo quien los eligió a ustedes, y los preparé para que vayan y den fruto, y ese fruto permanezca. Así es como el Padre les concederá todo lo que pidan en su Nombre".

Juan 15:16

Nosotros estamos hechos, diseñados para seguir a alguien, el problema es para quien seguimos y a quien servimos, Dios quiere que le sigamos por voluntad propia y no por miedo.

En la escritura Dios llamó a Abraham padre de muchas naciones, en ese tiempo él y su esposa no tenían hijos, ya estaban muy viejos para ser padres, quizás Abraham pudo pensar: "No soy padre, no tengo hijos, es más, mi esposa es estéril. ¿Cómo me puedes llamar padre de muchas naciones?". El principio es que Dios te llama antes de lo que tú eres, a otros los llama lo que usted es después de que suceda. Al desechar Dios a Saúl como rey de Israel le dijo a Samuel halle a un hombre conforme a mi corazón, David será el siguiente rey, y lo interesante aquí es que David era tan solo un adolescente, andaba cuidando las ovejas de su padre un muchacho, pero Dios lo llamó lo que llegaría a ser, de igual manera Dios lo llama bendecido, exitoso, fuerte, saludable, talentoso quizás no todo eso será verdad ahora, se podría decir como Abraham "Dios no soy bendecido", estoy luchando con mis finanzas, no estoy saludable estoy lidiando con esta enfermedad, no se aflija viene en camino, porque Dios llama las cosas que no son como si ya fueran, hay promesas que Dios ya ha hablado para ti: sueños y metas que Dios puso en su corazón, no se te ocurrieron a ti, no son solo tus ideas. Dios las puso allí, en la escritura habla de las peticiones secretas de su corazón; es decir, las cosas con las que usted sueña. Que no ha dicho a nadie, demasiado fantásticas, parecen muy grandes, y es simplemente tu destino llamándote, en lo que usted pueda convertirse, quizás pensemos que no pueda suceder, que cada circunstancia puede decir no tienes el talento, no vienes de la familia correcta, intenté la última vez y no funcionó, pero no te disuadas de esto, Dios lo ha declarado y Él controla el universo, todo lo que está buscando Dios es que te levantes cada mañana con fe y diciendo si mi destino me está llamando, quizás no veo con claridad ahora mi camino, mi futuro, pero declaro con fe que tú si lo tienes conmigo, y contigo puedo lograrlo.

La naturaleza humana dice: "Cuando lo vea lo creeré, pero la fe dice: Lo creo, entonces lo veré". Dios te ha hecho un llamado desde antes de nacer, eso recuérdalo y si estás aquí ahora en este preciso instante leyendo y haciendo tu devocional no es casualidad, es porque así ya estaba escrito. No eres un empleado más en el reino de Dios, eres un hijo heredando las cosas del reino. Recuerdo en el año 2017 cuando tuve el llamado de intercesión, muy poco tiempo de haber vivido mi retiro no comprendía muy bien lo que Dios quería hacer con ese llamado, quizás no podía lograr ver con claridad y la magnitud de este llamado, ser instrumentos por Dios y la responsabilidad que implica orar por otras personas, bajo la gracia y el poder del Espíritu Santo. También de mantener una madurez espiritual y la fe de creer lo que no se ve. Ahora piensen ustedes mucho más la de un predicador, de un coordinador, el llamado de un sacerdote, religiosa, diacono, obispo y el mismo papa. Todos nosotros hemos sido llamados a servir a Dios todo para su Gloria, nosotros no somos nada, la palabra dice: "Con el sudor de tu frente comerás tu pan hasta que vuelvas a la tierra, pues de ella fuiste sacado. Porque eres polvo y al polvo volverás" Génesis 3:19.

Esto quiere decir que todo es por obra de Él, que nos creó, el dueño de todo y que no somos eternos, como las cosas materiales de nuestro entorno. Así que no importa cuál es tu llamado, lo que importa es que todos hemos sido llamados con un propósito, una misión que cumplir, somos esos coherederos del reino y por eso nuestro llamado comienza aquí en nuestro caminar por la vida, dejemos enraizar la semilla que Dios ha puesto en nuestro corazón, porque todo lo que Dios prometió sucederá y si nos mantenemos en fe y con los oídos atentos al llamado de Dios nunca nos desviaremos del camino, perseveremos y veremos la gloria de Dios. Somos obra maestra de nuestro creador, pero que aún está en manos de él. Ahora toma unos minutos para recordar cómo fue tu llamado, probablemente haya sido hace poco tiempo, o, por el contrario, hace muchos años, ¿aún sigues con la alegría, el gozo de aquella vez

Si es así, qué bendición, porque eso significa que el fuego no se apaga, sigue ahí en tu corazón, ardiendo por rescatar esas almas para Cristo. Recuerda esa semillita que te dieron, yo la guardo y la atesoro porque esto me recuerda la parábola del sembrador, es más, siempre la llevo conmigo en la billetera por mi amor a Cristo y al prójimo.

Sabemos que las actividades del día a día nos pueden consumir, afligir, quitar tiempo, distraer, pero que nunca te falta el deseo y la convicción por estar en la presencia de Dios, siempre recuerda que debemos volver a la locura de ese primer amor que nos llamó, que nos conocía desde el vientre de nuestra madre, y ya conocía nuestro destino, nuestro propósito.

Hace algunos años, durante un retiro de servidores tuve una visión, me encontraba en un bosque oscuro, lleno de árboles gigantes, no lograba ver con claridad el camino, solo podía escuchar el ruido de los animales, el aire golpear las hojas de los árboles, los grillos, las luciérnagas, cuando de pronto a lo lejos logré escuchar una voz que me llamaba por mi nombre

"Diana, Diana, sé que estás asustada, y no ves nada, pero puedes escuchar mi voz, yo te guiaré para que puedas llegar a la orilla, del río y así puedas encontrarme, pero eso sí, no quiero que mires ni para tu izquierda, ni para tu derecha, no te desvíes, solo te bastará mi voz para guiarte. Mi luz te podrá dejar mirar un poco más de la oscuridad". Así que comencé hacer camino, por entre las ramas, el bosque estaba muy espeso y denso de árboles, otras voces me distraían y me decían: "Es por aquí, no por aquí; mira hacia tu lado", así que recordé la primera voz que en mi mente y mi corazón sabía muy bien que era la de Jesús, que me había dicho que no me apartara de ese camino y que no mirara a los lados ni izquierda, ni derecha, así que continué con mi espada derribando todo lo que se me atravesaba en el camino y que me impedía avanzar, escuchaba la voz de Jesús insistentemente que me decía: "Por aquí Diana, lo estás haciendo bien, ya pronto vas a llegar", cada vez más y más cerca escuchaba a Jesús y una gran luz blanca, casi resplandeciente, me envolvía en un brillo hermoso, cuando llegué a la orilla del río, esa luz no me dejaba mirar bien, solo escuchaba el ruido del agua y muy borroso vi una barca que estaba en el río, arriba solo podía ver una figura de una persona, su luz era muy brillante, pero esa voz me seguía hablando: "Lo has hecho muy bien, has escuchado mi voz, mi llamado. Ahora estás en la orilla, te quiero preguntar algo". Yo le respondí: "Sí, Jesús, pregúntame". Él dijo: "¿Quieres subirte a la barca conmigo o solo quieres llegar hasta aquí?", yo le respondí sin pensarlo dos veces: "Sí, quiero subirme a la barca contigo, entonces", sin lograr verlo solo su silueta con una luz muy blanca y resplandeciente, me dijo: "Muy bien: Si te subes a la barca conmigo yo te guiaré, siempre te acompañaré, estaré ahí, pero recuerda que el río no siempre es calmado, también a veces se agita fuertemente, es caudaloso, y de pronto vendrán momentos de angustia o aflicción, o podrás sacudirte, pero no dejaré jamás que te pase nada malo, porque mi presencia irá contigo a donde tú vayas".

Yo estaba muy emocionada, y a la vez un poco abrumada, pero estaba segura de poder subirme en esa barca con Jesús. Así que me metí al agua y guardé mi espada y subí a la barca con Él. Hasta ahí fue mi visión.

Hermanos, el llamado atendido por Dios es muy importante, Dios nos bendice de una manera maravillosa, además que nos cuida, nos protege y no permitirá que nos ocurra algo malo de lo que no provenga de la voluntad del Señor. Así que súbete a la barca, y rema con Jesucristo, no dejes que las otras voces te distraigan y te desvíes de tus metas, tus ideas, propósitos, tus sueños, anhelos y deseos. Cosas grandes tienen Dios para ti, así tú no lo veas llegar o no creas, Él ya las tiene para ti. ¡Amén!

Oración: "Amado Dios, gracias por permitirnos atender a tu llamado, sea cual sea tu palabra, dice que Tú estás cerca de los que llegan a ti con sinceridad, hoy te abro mi corazón y te pido que me concedas la fortaleza para vivir las circunstancias de la vida. Oro de acuerdo con el salmo 145:10: 'Sabiendo que tú eres justo en tus caminos y bondadoso en tus acciones, en ti espera mi alma'. ¡Amén!".

Pensamientos y reflexiones:

_____

_____

_____

_____

_____

_____

_____

_____

_____

_____

_____

_____

_____

_____

_____

_____

_____

_____

_____

_____

_____

_____

_____

_____

DÍA 22
LA PERSEVERANCIA

"¡En esto consiste la perseverancia de los santos, los cuales obedecen los mandamientos de Dios y se mantienen fieles a Jesús!".

APOCALIPSIS 14:12

En la vida espiritual se requiere de mucha perseverancia, porque muchos hermanos se desesperan por la falta de resultados o por el deseo de no pecar de ser perfecto, y ponerse cierta prisa, se afanan por sus ejercicios espirituales, pero Dios tiene sus planes para cada alma, y lo que debemos dar es nuestro cien por ciento conforme a nuestra capacidad, cada alma tiene sus dones por Dios, sus debilidades, particularidades, pero el fruto se recibe a su tiempo. Hay almas que algunos pecados no representan ningún problema, como para otros una gran dificultad, como vemos por ejemplo en el apóstol Judas Iscariote su debilidad en el dinero y eso lo llevó a la perdición, por eso cada alma es distinta y de ahí la importancia de conocernos y saber cuál es nuestra debilidad que coincide con las caídas o el origen; por eso tenemos que revisar con nuestro examen de conciencia para saber en qué estamos fallando exactamente y por qué. Y así aplicar el remedio, la solución y centrarnos en eso de manera particular que nos impide avanzar, perseverar, y abarcarnos a tener la devoción de la Santísima Virgen María. Ese no pecar, esa amistad íntima con el Señor, pero nosotros los servidores debemos trabajar y dar el 100 % de su capacidad y esperar porque muchos de nosotros nos acercamos con entusiasmo a la vida espiritual y queremos comernos el mundo de Dios, después viene como una decepción o el desánimo porque buscaban esa sensibilidad del no tener tentaciones, todo perfecto, no deudas económicas, que todos lo quieran, que sea como el mundo maravilla, pero al encontrarse con caídas, con errores, desaciertos, desengaños entonces es ahí donde viene el alejamiento de Dios.

Debemos perseverar toda la vida y cada uno va a recibir el fruto de sus obras, porque somos el conjunto de lo que nosotros hemos construido con nuestra vida, la persona virtuosa es porque a eso se ha dedicado y le ha costado, le ha metido inteligencia, corazón, voluntad, capacidad.

La perseverancia es ser constante, es duración, es fácil ser coherente por un día o algunos días. Difícil e importante es ser coherente toda la vida. Es fácil ser coherente en la hora de la exaltación, difícil serlo en la hora de la tribulación. Y solo puede llamarse fidelidad una coherencia que dura a lo largo de toda la vida, decía el papa Juan Pablo II: "En la vida hay que elegir entre lo fácil y lo correcto" (Rubalcava, S.F.).

La persona que es dada a la mentira, al engaño, al robo, al hacerle al vivo es lo que él ha construido con su vida. En la vida espiritual Hay días buenos, no tan buenos, subidas, bajadas, experiencias, pero lo importante es la Santa perseverancia, a la devoción a la Virgen, a los santos, no quebrarse y por eso debemos ser fuertes. Y Jesús es nuestro modelo y nuestra guía. La palabra dice: "Yo soy el camino, la verdad y la vida. Nadie va al Padre sino por mí. Si me conocen a mí, también conocerán al Padre. Pero ya lo conocen y lo han visto". Juan 14: 6-7

La voluntad de Dios es nuestra santificación. De manera que tú, servidor que me lees en cualquier etapa de tu vida espiritual, seas un fiel devoto, o, por el contrario, te cueste y te estés esforzando, no puedes quedarte atrás, desfallecer, dice San Pablo que "el que predique cuide de no caer, entonces hay que perseverar y cada día no es hacer más, sino las cosas en su perfección sean poco o mucho, pero con amor, dando el primer lugar que se merece Dios. No es hacer muchas cosas o hacerlas por hacerlas, sino de manera adecuada, correcta y que le agrade al Señor".

Alrededor de todos estos años nos hemos dado cuenta de que muchos se han quedado atrás, que comienzan con mucho entusiasmo, alegría, pero solo se dejan llevar por la emoción y sabemos que para servirle a Dios no es solo de emociones, de sentir bonito, y ya. Por supuesto que es de, creer, avanzar pese a las dificultades o pruebas que se nos puedan presentar. Hacerlo con espíritu lo más profundo de nosotros, porque queremos en verdad adorar a la Santísima Trinidad.

¿Por qué rezamos el santo rosario? ¿Por qué vamos a la misa? ¿Por qué ayunar? ¿Por qué leer la Biblia? ¿Por qué ponernos de rodillas? No por costumbre o nos inculcaron desde pequeños o porque lo hemos visto en los demás, sino porque nos anima el espíritu un corazón contrito y humillado, con caridad con esperanza, con fe, y es así como vamos creciendo espiritualmente.

El tiempo nos va mostrando, enseñando, sentirnos felizmente realizados. Es estar compartiendo una sonrisa, una mirada de bondad, una palabra de aliento. El buen olor de Cristo. Porque hemos sido humildes y conoce el amor de Dios. Donde vaya en su medio se desenvuelve llevar el buen olor a Cristo. Mis hermanos cuando tú estás ungido por el espíritu de Dios cuando pasas, la sola presencia de Cristo se siente, lo he visto en mis hermanos ungidos solo cuando entras a dar ese mensaje de Dios en la prédica, ya el infierno tiembla, los participantes se desvanecen y caen en el espíritu porque llevas esa autoridad en el nombre de Jesús y que solo Dios te puede dar conquistador de las naciones.

De la abundancia del corazón habla la boca, es una vida espiritual vivida que ha tenido caídas, errores, fracasos, pero ha sido humilde. Cuando el alma experimenta el amor de Dios no hay nada que se le pueda parecer y viene una paz y una tranquilidad porque lo que necesita únicamente lo tiene Dios y es el único que nos puede dar ese amor esa constancia, esa solidez en la misma miseria de pecado y es el único que nos puede levantar. Por eso mis hermanos, sí, tú varón y tú mujer, los exhorto a perseverar, a continuar quizás no veremos los frutos en esta tierra, en nuestra vida, pero otros lo verán, futuras generaciones que vendrán ahí estará nuestra recompensa vendrá en las alegrías eternas.

Enamorémonos más de Dios y perseveremos en Cristo Jesús, su hijo nuestro Señor, sigamos el ejemplo de nuestra madre Virgen María como nuestro amparo, refugio, la intermediará entre el corazón del hombre y de su hijo Jesús, que vive y reina por siempre. ¡Amén!

Oración: "Amado Padre, quiero darte gracias por recibir tu palabra con fe y abundancia para fortalecer mi alma. Dame la Gracia para perseverar en todo momento porque no quiero desfallecer ante las dificultades que se me presenten. Solo Tú me restauras cada día. ¡Amén!".

Pensamientos y reflexiones:

JESÚS, EL PAN DE VIDA

"Yo soy el pan de vida. El que viene a mí nunca tendrá hambre y el que cree en mí nunca tendrá sed".

Juan 6: 35

"Yo soy el pan de vida. Sus antepasados comieron el maná en el desierto, pero murieron: aquí tiene el pan que baja del cielo, para que lo coman y ya no mueran.

Yo soy el pan vivo que ha bajado del cielo. El que coma de este pan vivirá para siempre. El pan que yo daré es mi carne, y lo daré para la vida del mundo".

Juan 6: 48-51

Una de las necesidades básicas del ser humano para poder estar con vida es el alimento, fuente de energía y vitalidad, de la cual depende nuestra existencia. En este contexto, Jesús se afirma como "Yo soy el pan de la vida". Un Jesús que se ofrece como alimento, generador de vitalidad, para todo el que coma de Él. Si lo tratamos de comprender con elementos nutricionales podríamos decir que nuestro cuerpo necesita diferentes elementos para mantenerse en buenas condiciones, es necesario el consumo de hidratos de carbono (azúcar), que nos aporta energía para que nuestros órganos funcionen, proteínas que nos dan estructura, principalmente nuestros músculos y las grasas, benéficas para que nuestras hormonas funcionen adecuadamente y mantengamos un equilibrio fisiológico, entre otras tantas.

Así, Jesús, como pan de vida, nos aporta energía a nuestro espíritu para mantener nuestra unidad con Dios, para mantenernos firmes ante las adversidades, ante esos momentos de dolor y desesperación en donde nos damos cuenta de que nuestras propias fuerzas no son suficientes. Allí entra la fuerza, la energía de Dios que nos levanta, nos alienta y nos empuja a seguir disfrutando de la vida. Jesús, así como las proteínas, da estructura a nuestra vida, nos conduce al bien, nos regala la capacidad de discernimiento, de conocer nuestras miserias, pero también, de conocer nuestras virtudes para ser felices y finalmente, como las grasas, nos permite mantenernos equilibrados en esas cosas que no se ven a simple vista, pero las que podemos sentir, nuestras emociones, pero, sobre todo, nos enseña a amar.

Jesús es el pan bajado del cielo para nutrirnos, para darnos la vida eterna, quien nos inyecta energía, quien nos da estructura y quien nos regala la plenitud mediante el equilibrio de nuestro sentir; nos concede parecernos cada vez más a Él, mediante la configuración en el amor, un amor hasta el extremo.

Yo soy el pan vivo que ha bajado del cielo; el que coma de este pan vivirá para siempre, y el pan que yo les voy a dar es mi carne para que el mundo tenga vida.

Juan 6:51

Y es que precisamente ese pan que es la Eucaristía es la que nos da vida, fortaleza y vigor, al principio quizás no entendamos este valor y significado del porqué esa necesidad de ir diariamente a comer y beber de este cuerpo y sangre de nuestro Señor Jesucristo y muchos servidores lo hacen, en especial que ya llevan tiempo y entienden que solo Jesús Eucaristía nos llena, y nos alienta a continuar, en este caminar, este alimento va de la mano de la perseverancia, y de la oración.

Cuando los Israelitas llegaron al desierto después de su salida de Egipto, comenzaron a murmurar contra Moisés y Aarón que, porque, iban a morir de hambre, pero Moisés le ordenó a Aarón que pusiera un poco de maná: (pan celestial o divino) en una olla para que sirviera como testimonio para las generaciones futuras de la liberación física de los hijos de Israel por parte del Señor y la necesidad de este pueblo que confiaran en el Señor para el sustento espiritual. Éxodo 16:32,36

No podemos negar que el hambre es una realidad en todo el mundo, cuando el ser humano tiene hambre sale a relucir hasta lo más bajo que puede existir: como la depuración, el robo, la codicia, la maldad, dolor, miseria y mucha muerte.

Se estima que veinticuatro mil personas mueren de hambre todos los días, y las tres cuartas partes de las personas son niños menores de cinco años, y las estadísticas muestran que el cincuenta por cierto de las familias apenas tienen una comida por día, muchos niños ya están cansados física y emocionalmente para alcanzar algún tipo de estudio, de modo que el hambre está haciendo su trabajo cotidiano, oramos para que Dios nos dé el pan nuestro de cada día, porque nuestro cuerpo necesita alimentarse, pero esta es una comida que sacia el hambre temporalmente. El contexto en las escrituras nos habla que fue una multitud alimentada por Jesucristo, pero ellos pensaban que habían encontrado al profeta que los iba a suplir de esa necesidad física, del pan material todos los días el milagro de la multiplicación de los panes y los peces, despertó en la multitud el deseo de hacer a Jesús su propio Rey. Ellos estaban enterados de lo que Dios hizo a través de Moisés en el desierto, por cuarenta años, recibieron alimentación sin cosechar, la tendencia humana es la misma, son tantos que no quisieran trabajar para comer, pero Jesús corrigió ese estilo de vida, su exhortación es especialmente a trabajar y sobre todo por aquella comida imperecedera. La comida que no perece tiene que ver con Jesucristo, Él es el pan que descendió del cielo, Él vino para suplir el pan que más necesitamos.

En Lucas 4, 4 dice: "No solo de pan vive el hombre, sino de toda palabra que sale de su boca. Hermanos y hermanas, no hay otra necesidad de otro alimento espiritual que fuera de Jesús, con Él estamos completos, con Él estamos saciados". Jesús sin preocuparle la reacción de sus oyentes y seguidores, menciona este primer YO SOY versículo 35 de Juan como conocemos menciona unos cuantos para conocer y poner claro cuál era su misión y propósito. Él estaba allí no solo para suplir el hambre temporal, su origen era divino su procedencia venía del seno del mismo Padre y es que como sabemos cuándo Jesús menciona su origen era obvio la reacción de aquellos que conocía a su familia y el lugar donde se había criado, sabía que su padre era José el carpintero de Nazaret, esta declaración por Jesús sonaría como una pretensión que la gente muy bien podrían calificarlo como un lunático, un mentiroso, pero Jesús no se amilanó cuando escuchaba cualquier descalificativo en su contra, más bien menciona una y otra vez aquella declaración que lo vinculaba con su Dios, el tema de su procedencia lo aborda en muchos discursos, jamás temía decir que Él y el Padre eran uno mismo, esto fue el escándalo para todos sus enemigos. Jesús dice que Él es el pan vivo que descendió del cielo, la figura de Jesús como pan nos habla del pan eterno, ese pan eterno para Salvar a los hombres. Jesús es el autor y dador de la vida, Jesús sabía que la única manera de salvar a la humanidad también era que disfrutara de todas sus bendiciones en gloria. Él envió a su propio hijo como el pan de la propiciación, que Dios mismo ha dispuesto para que todos en Él crean, no se pierdan, sino que al contrario tengan vida eterna. Es verdad que desde el punto de vista geográfico e histórico Cristo nació en Belén, pero desde el punto de vista divino su procedencia es de arriba, es del cielo, Él es el pan que ha venido a dar vida, muchos han venido a dar conocimiento para dar filosofía a la razón, para traer una religión a la búsqueda espiritual, pero Cristo vino para alimentar el alma, Cuando se toma este alimento lo demás se llena y se suple, el padre le ha asignado al hijo la misión de ser el pan de vida.

Jesús también nos hace ver que Él es el pan de vida, pero en este lenguaje figurado también nos hace ver Jesús que también hay un pan muerto que satisface el estómago, y la carne por un periodo, pero que hay uno vivo, una satisfacción eterna, el mundo es un escenario donde el pan muerto se ofrece de una manera constante para traer satisfacción a lo que es pasajero, banal, transitorio. Saben cuánto dinero se consume en el mundo para alimentar al cuerpo, y con la comida que perece altas sumas de dinero, mucho dinero en la llamada fisioterapia para presentar un cuerpo de delicia figurada, aunque aclaro no es malo hacer eso, pero se le está presentando mucha importancia al alimento del cuerpo que al alimento del alma, eso es un pan muerto solo satisface los deseos, muchas veces son deseos ilícitos de una sociedad que busca más la gratificación del sexo que la gratificación del alma, mucho se consume en el mundo en cosas innecesarias, en ropas, en joyas, perfumes, comidas, lujos, viajes. Todos pueden ser justificados y hasta agradables, pero esto es pan muerto que satisface un apetito en el momento.

Nada nos puede satisfacer la sed y el hambre, el espíritu como lo hará Él, solo Cristo puede traer la vida auténtica y abundante, Él satisface todo nuestro ser, Él te dé a ti y a mi seguridad, vida eterna, Él es el pan de vida, el agua de vida, la fuente de vida. Jesús dice que se trabaja por la comida que da vida versículo 27 el pan que da vida al mundo, la voluntad del Padre es que todo aquel que vea al hijo y crea en él, tenga vida eterna. Jesús nos dice que todo el que coma de este pan vivirá. Nadie queda con hambre cuando conoce este verdadero pan, la pregunta es: ¿Hemos comido nosotros de ese pan, se ha convertido en el pan divino que satisface nuestra búsqueda?

La Biblia nos dice que el maná en el desierto sin interrupción nunca faltó para alimentar al pueblo de Israel por cuarenta años, hasta que entraron a la tierra de Caná, imaginen ahora si los organismos gubernamentales podrían hacer eso, quizás sí por algún tiempo, ¿pero por cuarenta años? Salvación y vida eterna. Él tiene más que dos peces y cinco panes, Jesús quiere que tengamos vida y en abundancia, pero sobre todo Vida Eterna. Y esto debe ser nuestra meta, trabajar en ello todos los días, de nuestra vida terrenal, cuando yo vivía en unión libre con el papá de mis hijos, me preocupaba mucho el hecho de que no podíamos comulgar, comer ese cuerpo y sangre, la eucaristía, le pedía a Dios que no me dejara sin comer el pan de vida, ¿por qué debemos estar preparados nadie sabe el día y la hora en que vamos a morir y estar en pecado mortal? ¿Dónde iremos a parar? Pero parece que a muchos no les importa, o pasan por alto este hecho tan importante.

Como servidores y seguidores de Cristo, como hijos del Padre, debemos trabajar para llevar más almas a Cristo, a los pies de Jesús, para que nadie se pierda, sino al contrario, tengan vida y la tengan en abundancia, dice su palabra: "El ladrón solo viene a robar, matar y destruir. Mientras que yo he venido para que tengan vida y la tengan en plenitud" Juan 10;10.

Oración: "Amado Dios, te agradecemos por tu presencia en nuestras vidas y por el amor incondicional que nos brindas cada día, hoy te pedimos que nos guíes, nos ayudes y fortalezcas a quienes no pueden comer del pan de vida, ese que nos sostiene, nos da la fuerza para superar cualquier dificultad que se nos presenta. También a confiar que Tú nos provees de nuestras necesidades y que nos brindas ese alimento no solo material, sino también espiritual. Te damos gracias por tu fidelidad y misericordia y te pedimos que nos ayudes a seguir creciendo en nuestra relación contigo, en el nombre de Jesús. ¡Amén!".

Pensamientos y reflexiones:

DÍA 24
ESPÍRITU SANTO EL TEMPLO DE DIOS

"Nos dice que el fruto del Espíritu es amor, gozo, paz, paciencia, bondad, fe, mansedumbre y templanza. Todos estos son frutos que la gente puede tener en su vida si deja que el Espíritu Santo guíe sus acciones".

Gálatas 5, 22;23

El Espíritu Santo es nuestra guía, fortaleza, debemos mantener una relación a diario con Él. Puede guiarnos para tomar buenas decisiones y nos protege del peligro físico y espiritual. Nosotros somos cuerpo del Templo Espíritu Santo, Dios nos ha dado un cuerpo para cuidarlo, protegerlo, como un templo sagrado, pero desafortunadamente el hombre no es consciente de ello, y diariamente lo maltratamos, o lo lastimamos, de la manera como cuando nos dejan una casa a cargo y cuando no está el dueño, aprovechamos y se hacen fiestas, borracheras, ensuciamos, malgastamos su comida y sus servicios, porque simplemente no importa, si no me afecta directamente que puede pasar. "Y yo rogaré al Padre, y os dará otro Consolador, para que esté con vosotros para siempre" Juan 14:16.

El apóstol Pablo era muy claro cuando describe en sus cartas que no se trata de lo material, no conformarnos a este mundo, porque andar con el Espíritu Santo significa vivir de acuerdo a los principios del Reino de Dios, que son amor, justicia y paz. Estando con Él vencerás, cualquier obstáculo, resistirás la hora mala y el momento de la tentación. Y aquí voy a resaltar cuando tenemos un Espíritu Santo de Excelencia, hoy en día vivimos en una sociedad donde la mediocridad es la norma, mucha gente no hace mucho para cambiar esa situación, no se enorgullece de quienes son, o de lo que hacen en su trabajo, cuando tienen a alguien que los observe, su desempeño es de una manera, pero cuando nadie los mira, toman atajos y hacen las cosas de manera fácil. Si no tenemos cuidado, caeremos en la misma mentalidad, como, por ejemplo: está bien llegar tarde, hacernos los tontos para robar tiempo en nuestro trabajo, no dar lo mejor, pero Dios no bendice la mediocridad, ni la pereza. Dios bendice la excelencia, porque cuando tienes un espíritu de excelencia haces lo correcto sin importar quién te está observando, haces más y das la milla extra.

Quizás otros podrán quejarse, cortar camino, hacer muchas otras cosas, pero tú, servidor, no eres del montón, eres de otro nivel, tú no eres todos, has sido llamado para ser lo mejor, ser excelente, dar ese valor agregado. Tú eres ese ejemplo en donde te desenvuelves, hogar, trabajo, iglesia, sociedad. Muchas veces pensamos que vamos al templo para honrar a Dios, leer la Biblia para honrarlo y sí, es cierto, pero también lo honras siendo una persona puntual, productivo, caritativo, amable, haciendo lo correcto, no dejándote llevar por los demás, no embriagándote en las cantinas, dando un falso testimonio como servidor, predicador, coordinador y si es muy triste, pero tengo que decirlo, no me llena de orgullo ver cuando un servidor todavía fuma, o toma cerveza, le salen todavía malas palabras, o coquetea con la hermana servidora de la comunidad sin importar si ella es casada o lo peor él está casado. Lo expreso porque lo he visto con mis propios ojos y es una verdadera pena, la verdad, nos debe dar vergüenza todas esas acciones que no hablan bien de ti, al contrario, dejan mucho que desear.

Algo tan sencillo como cuando llevas el Espíritu Santo como tu amigo, tu consolador, tu guía, no dejas el carrito del supermercado a mitad de camino del parqueadero, estorbando para otros carros que llegan, levantas la basura del papel del caramelo, así tú no la hayas tirado, no dejas el cereal que has tomado dentro del supermercado y si no lo quieres llevar lo dejas con los detergentes, no te comes las uvas del Walmart solo porque nadie te está mirando, o porque todos lo hacen. No seas descuidado, tú, hermano servidor y servidora, representas a Dios todopoderoso.

Él te ha hecho un llamado y ni siquiera somos dignos de eso, no lo hemos ganado por iniciativa propia, solo por obra y misericordia del Señor, porque él es bueno y cumple sus promesas. Jesús dijo en Mateo 5, 41: "Si alguien te pide caminar una milla con él, haz más, ve dos millas, en aquellos días un soldado romano al atravesar la ciudad podía pedir por ley que una persona cargara su armadura una milla, después de esa milla tenía que encontrar alguien más". Ve más allá del llamado del deber, haz más de lo esperado, esa es la actitud que debemos tener, estamos llamados para la excelencia y dar más de lo que esperan de mí.

Ahora hablemos un poco de los dones, los regalos maravillosos que Él nos da, el primero es la sabiduría, tener la sabiduría divina. San Pablo decía que nosotros tenemos la mente de Jesucristo porque Él te ilumina, te atrae hacia la Biblia, la palabra de Dios. Y cuando tengamos un problema, Él nos va a dar la sabiduría divina. Los dones nos ayudan son 7:

Segundo, la ciencia: Mi vida es una obra de Dios, gracias por las bendiciones que nos da, este don nos hace ver todo mejor. El don del entendimiento nos hace entender cómo Dios es de maravillas, cómo Dios entregó a su hijo por mí, es un Padre de amor y misericordia.

El siguiente es el don del consejo, te ayuda a descubrir siempre cuál es el camino de la casa, te ayuda a tomar buenas decisiones, es el GPS de Dios, el Espíritu Santo te dice cállate, no vayas hacia allá, nos guía la voluntad de Dios, nos va muy bien, incluso para las cosas más sencillas. El don de la piedad, el amor, la ternura, es lo que une la familia, por los ancianos, por los hermanos, por los esposos que se quieran de verdad, por la iglesia, por nos nuestros hermanos. Sobre todo, con el que uno siente que uno no quiere. Así no me caiga bien, o no me mires bien, pero lo bendigo.

La fortaleza para hacer grandes cosas para bien nos la da para no pecar, hacer obras que le agraden a Dios porque tú sirves para algo. Un ejemplo de ello es María Goretti, la crisis es brava, pero no es más que los hijos de Dios predicamos el evangelio y nos levantamos con la gracia de Dios. "El espíritu santo le decía a San Pablo mi fuerza se hace grande en tu debilidad".

El temor de Dios nos hace mucha falta porque es un temor de amor, cámbiate de equipo por papá Dios, soltar lo que desagrada a Dios. El Espíritu Santo nos da los carismas, todos los tenemos y los necesitamos, debemos sacar el mejor provecho de ellos. El dador alegre de esos carismas edifica a la iglesia, poner al servicio nuestros carismas. Los frutos del Espíritu Santo, el carácter de Jesús, cuando entre más el Espíritu Santo reine en ti, más te dejarás guiar y escuchar al Espíritu Santo.

Dominio sobre tus pasiones, sé tú el propio dueño, señor. En el servicio, en el amor, se manifiesta el Espíritu Santo. El Espíritu de Dios te acompaña siempre, te recuerda cuánto te ama tu Padre Celestial, y te ayuda a tomar las mejores decisiones. A pesar de las circunstancias que puedas estar viviendo, no te olvides que Él está contigo. ¡Todo está bajo su control! Por lo tanto, hoy puedes comenzar a descansar en Él. Así pues, que dejemos obrar el Espíritu Santo en nuestras vidas, y conquiste nuestros opuestos deseos de la carne esos pecados que nos llevan a la desdicha, muerte y destrucción. Pero con Dios todo es posible y el Espíritu Santo será ese faro encendido en nuestro servicio, caminar y vida.

Oración: "Señor, te pedimos, que nos ayudes a mantener nuestras lámparas, con tu luz, provennos de tu aceite, que tu Espíritu Santo nos guíe y nos fortalezca en todo momento, para que podamos ser luz en el mundo y llevar tu palabra a aquellos que aún están en tinieblas, ayúdanos a mantenernos en la fe y reconocer la hora mala. Gracias por ser nuestra guía y protector en todo momento en el nombre de Jesús. ¡Amen!".

Pensamientos y reflexiones:

DÍA 25
CALMA EN LA TORMENTA

"Y estando en la barca, sus discípulos le siguieron. Y
he aquí que se levantó en el mar una tempestad tan
grande que las olas cubrían la barca; pero él dormía.
Y vinieron sus discípulos, y le despertaron, diciendo:

Señor, sálvanos, que perecemos. Él les dijo:
¿Por qué teméis hombres de poca fe? Entonces
se levantó, dio una orden al viento y al mar
y todo volvió a la más completa calma.

Y los hombres se maravillaron, diciendo: ¿Qué hombre
es este, que aun los vientos y el mar le obedecen?".

Mateo 8: 23-27

La barca en nuestra vida es Jesucristo, y encontrarás a través de este caminar muchas persecuciones, contradicciones, aflicciones, intentarán destruirte, apagar el fuego del Espíritu Santo que Dios ha puesto en ti, y el mundo querrá confundirte, envolverte en delicias y placeres, malas decisiones que tomamos, para apartarte del Señor, pero ojo la barca es Jesucristo y solo Él puede socorrernos para no hundirnos. Nuestra travesía está llena de obstáculos que nos llevan muchas veces a la desesperación, como, por ejemplo: conflictos en nuestras familias, problemas económicos, soportar y enfrentar una difícil enfermedad, un hijo descarriado. Son muchas de las enormes tempestades que debe enfrentar nuestra embarcación, frente al cual sentimos miedo, y una enorme inseguridad.

Nuestra humanidad es tan débil que no estamos dispuestos a entregarnos a plenitud a su llamado, pero el Señor viene y nos dice por qué temen hombres de poca fe, como dice su palabra: "Yo soy el camino, la verdad y la vida, nadie viene al Padre si no es por mí" Juan 14:6.

Con Él podemos pasar al otro lado, estar seguros de que nada nos pasará, confiados que no habrá terremotos, ni mareas, tsunamis, ciclones, o tornados que nos lleguen a dañar o destruir, solo si no es su voluntad.

En este día, hermanos, la palabra nos trae una esperanza, así como el sol sale todos los días, así mismo estamos seguros de que después de un día lluvioso y triste saldrá el sol. Cada día nos trae un nuevo comienzo, una razón de seguir adelante. Sabemos que las pruebas traen consigo enfrentar muchos desafíos, superar los obstáculos y levantarnos para continuar en los caminos del Señor perseverando en el servicio. No sé cuál es la situación por la que estés pasando en este momento si estás en tormenta, o si por si lo contrario estás en la calma, pues es el momento de dar lo mejor de ti mismo. En la Biblia aparecen muchas situaciones difíciles que pasaron los discípulos, sus seguidores, quizás fueron mártires, pero nunca dudaron de su fe y el poder de Dios.

Esteban fue el primer mártir de miles de testigos del Señor que morirían por testificar la verdad del evangelio, Hechos 7:58-60 (cf. 22:19-21), y es precisamente esto lo que el término mártir significa. La palabra mártir viene del griego *martus*, que significa testigo. Como todos los mártires, Esteban fue un testigo de su Señor, hasta el punto de la muerte. Este debe ser un ejemplo para todo servidor. Pero estos grandes hombres y mujeres los han sabido vencer, ellos fueron portadores de la verdad divina que integra fe y vida.

Hace poco menos de un año al regresar de la misión en África tuve una infección severa en mis ojos, comencé a ver borroso, no podía leer, ni conducir, mucho menos leer o escribir. Fui al doctor, pensé que eran mis lentes que ya no me servían y después de un rato de exámenes el doctor se toca la cabeza y en un gran silencio que me pareció horas le pregunté qué pasaba. Me dijo: "Veo problemas serios en tus córneas, voy a enviarte a un especialista de córneas para que te vea, es urgente".

Yo salí del consultorio, mi hijo me llevaba, no soportaba la luz, era como si quemara mis ojos, y el dolor era insoportable. Así que fui a ver el especialista en córneas y me dijo que tenía una enfermedad algo rara llamada queratocono ocular que afecta la estructura de la córnea. La córnea es el tejido transparente que cubre la parte frontal del ojo. Con esta afección, la forma de la córnea cambia lentamente de la forma redonda a una forma cónica. Se puede tratar, pero en muchas ocasiones se requiere de cirugía o trasplantes de córneas porque se va perdiendo la vista, es una enfermedad degenerativa. Me fui muy triste a casa y le dije a Dios que yo quería continuar escribiendo y leyendo su palabra, que necesitaba mi visión para poder hacer muchas cosas que todavía me falta.

Comencé a hacer todos los tratamientos, llevar paso a paso todas las indicaciones de los doctores. Viajé a Colombia a checarme y si necesitara cirugía no fuera tan costosa, en Estados Unidos no tenía cómo pagar dicha suma de dinero. Yo confiaba que el Señor me estaba probando hasta donde yo confiaba en él. Así que me fui donde la Madre Laura, la primera santa colombiana, y le pedí su intercesión, ella fue una gran escritora, autora de muchos libros y en sus restos de la capilla donde reposan le dije que ella sería mi motivo de inspiración para continuar escribiendo las maravillas y milagros del Señor, pero que le pedía la sanación de mis ojos.

Una bonita presencia se sentía allí en el lugar, fui donde nació, Jericó Antioquia y donde murió en el barrio Belencito, Medellín.

A la siguiente semana fui donde el especialista me vio, hizo análisis, y con una sonrisa en su rostro me dijo: "Te tengo una buena noticia, la enfermedad no continuó, y no necesitarás cirugía, solo no uses lentes de contactos, utiliza unos buenos anteojos, sigue las recomendaciones y nada más". Yo comencé a llorar y me fui a darle Gloria a Dios por tal bendición. Su palabra lo dice: si lo crees, verás la Gloria de Dios. El Señor permite muchas cosas para ver hasta donde tú confías en Él, cómo está tu fe en Él, y para que te des cuenta de que sin Él no eres nadie. Que solamente bajo su dirección podemos tener la fortaleza que necesitamos para enfrentar cualquier obstáculo, adversidad, problema, situación, aflicción o tempestad. ¡Amén!

Oración: "Gracias Padre, porque Tú nos permites ver tu Gloria, porque no nos abandonas ante la tormenta, más bien la calmas y nos ayudas a no perecer. Te pedimos que aumentes nuestra fe, nuestra perseverancia, para continuar en nuestro servicio, llevando tu palabra con amor y discernimiento. Porque sabemos que después de la tormenta viene la calma. ¡Gloria a Dios!".

Pensamientos y reflexiones:

DE PRINCESA A GUERRERA

"Un fariseo invitó a Jesús a comer. Entró en casa del fariseo y se reclinó en el sofá para comer.

En aquel pueblo había una mujer conocida como una pecadora; al enterarse de que Jesús estaba comiendo en casa del fariseo, tomó un frasco de perfume, se colocó detrás de él, a sus pies, y se puso a llorar. Sus lágrimas empezaron a regar los pies de Jesús y ella trató de secarlos con su cabello. Luego le besaba los pies y derramaba sobre ellos el perfume.

Al ver esto, el fariseo que lo había invitado se dijo interiormente: 'Si este hombre fuera profeta, sabría que la mujer que lo está tocando es una pecadora, conocería a la mujer y lo que vale'.

Pero Jesús, tomando la palabra, le dijo: 'Simón, tengo algo que decirte'. Simón contestó: 'Habla, Maestro. Y Jesús le dijo: 'Un prestamista tenía dos deudores: uno le debía quinientas monedas y el otro cincuenta.

Como no tenían con qué pagarle, les perdonó la deuda a ambos. ¿Cuál de los dos lo querrá más?'

Simón le contestó: 'Pienso que aquel a quien le perdonó más'. Y Jesús le dijo: 'Has juzgado bien'.

Y volviéndose hacia la mujer, dijo a Simón: '¿Ves a esta mujer? Cuando entré en tu casa, no me ofreciste agua para los pies, mientras que ella me ha lavado los pies con sus lágrimas y me los ha secado con sus cabellos. Tú no me has recibido con un beso, pero ella, desde que entró, no ha dejado de cubrirme los pies de besos. Tú no me ungiste la cabeza con aceite; ella, en cambio, ha derramado perfume sobre mis pies. Por eso te digo que sus pecados, sus numerosos pecados, le quedan perdonados, por el mucho amor que ha manifestado. En cambio, aquel al que se le perdona poco, demuestra poco amor'.

Jesús dijo después a la mujer: 'Tus pecados te quedan perdonados'.

Y los que estaban con él a la mesa empezaron a pensar: '¿Así que ahora pretende perdonar pecados?'

Pero de nuevo Jesús se dirigió a la mujer: 'Tu fe te ha salvado, vete en paz".

Lucas 7, 36-50

En esta palabra comenzamos a glorificar a Cristo porque tú, mujer, eres la princesa hija de un Rey, llevas sangre real y, por lo tanto, tus orígenes son de la realeza. No fuiste hecha para ser pisoteada, subvalorada, engañada, eres el producto del amor más fuerte que puede existir de un padre omnipotente, omnipresente que todo lo puede, tu corona de oro debes lucirla con orgullo, pero con humildad, esa misma que debe caracterizar a la mujer guerrera qué hay dentro de ti. Te basta la gracia de Dios para servirse y salir victoriosa ante las pruebas.

Todos conocemos que el papel de la mujer es muy importante, de hecho el mismo Dios entendió que no era bueno que el hombre estuviera solo, es decir que la mujer es un papel que llena el espacio vacío, le da sentido, un valor agregado a la humanidad, hay mujeres que cambian atmósferas, inseguridades, incertidumbre, la mujer tiene la facultad de hacer muchas cosas a la vez.

A diferencia de los hombres, solo ellos se concentran en hacer una sola cosa y ya, pero las mujeres pueden estar haciendo varias cosas a la vez como: cocinar, ver a los niños, hablar por teléfono, limpiar, en fin, es multifuncional. Si nos remontamos a siglos atrás entendemos que muchas mujeres sirvieron con Jesús y los apóstoles, muchas conquistaron reinos, que destruyeron enemigos, y tú, hermana servidora y hermano servidor, si estás casado, tu mujer es una guerrera conquistadora de naciones, el ser que es capaz de procrear y tener un hijo, portadora de buenas nuevas, cuidadora, compañera, servidora cumple muchos roles importantes.

En la Biblia se resaltan muchas mujeres valientes de guerra que se levantaron, que sobresalieron. Tú debes levantarte por tus hijos, por tu casa, por tu generación. La mujer guerrera debe ser prudente, sabia, vigorosa, inteligente, inspiradora, y temerosa del Dios vivo y misericordioso.

Una mujer virtuosa es la que posee la habilidad para hacer las cosas con excelencia, su casa ordenada, todo lo que hace para

Dios es organizado, sabe que no hay desperdicio. Da ejemplo a sus hijos, es buena esposa, trabaja, dispone de la economía del hogar, ayuda a su marido para juntos salir adelante. Y si está sola, es viuda, o separada igual debe ser con estas características.

Su habilidad de conquistar si ella quisiera hasta naciones enteras, no hay batalla que no gane o pueda resistirse, poderosa posición y carga la capacidad necesaria para honrar el nombre del señor. Inspiradora con su ejemplo inspira a los demás no solo mujeres, sino también a los hombres.

El testimonio intachable, en la manera que se comporta, recatada y conservada al vestir y esas mujeres son inspiradoras de confianza que han pasado procesos difíciles, pero no se quedaron ahí; sino que se levantaron para darle gloria a Dios. Antes las mujeres tenían restricciones tanto para hablar como para ir a la guerra, si ellas tenían visión o planeaban una estrategia tenían que ir primero a contárselo al rey de ese reino y la victoria no se la llevaban ellas, sino el rey, el hombre que nunca había peleado una guerra.

Pero Jesús llega y rompe con estos paradigmas antiguos cuando aquella mujer pecadora suelta su pelo que caracterizaban a estas mujeres para llamar la atención en los hombres, por eso las mujeres de hogar, buenas por llamarlo así llevaban velo en su pelo para tapárselo y diferenciarse de las mujeres prostitutas. Vemos cómo la palabra nos dice: que esta mujer con su pelo secó los pies que ya había mojado con sus lágrimas, activó lo profético trayendo el reino de Dios en esa habitación, es decir, a ella no le importó llorar, derramar todo su perfume y luego al soltarse el cabello y secar los pies del maestro le estaba diciendo: Aquí te entrego mis pecados, quizás duré mucho tiempo vendiendo mi cuerpo a otros hombres, pero aquí estoy para que Tú me sanes, yo creo en ti, y sé que Tú eres valioso, puedes aplastar con tus pies mi lujuria, mi pasado, mi vergüenza.

Hay gente que se enfoca en juzgar, en criticar, en ver solo la parte negativa y no entiende que Dios da una segunda oportunidad, es esa gracia que nos puede llevar al más sublime éxtasis de amor, y de arrepentimiento. Jesús le da reconocimiento, y le dice todos tus pecados te quedan perdonados, tu fe te ha salvado, vete en paz. Mujer, di de manera profética en voz alta:

Yo, _____, levantaré naciones, romperé cadenas, obtendré la victoria en mi familia, mi hogar, mis hijos, soportaré paradigmas que no me importará qué piensen los demás, y si tengo que llorar a los pies de Jesús para ver el milagro lo voy a hacer y de rodillas ganaré las peores batallas. En el nombre poderoso de Jesús que está sobre todo nombre. ¡Amén!

Un ejemplo donde Jesús le da el valor y la importancia a la mujer es el de la samaritana que la usa como puente para entrar a Samaria, porque como bien saben, los judíos no se la llevaban con los samaritanos, pero a Jesús no le interesó el pasado de esta mujer, le importaba su futuro, por esto, utilizó el corazón de una mujer, por eso Él calculó la hora para ir al pozo y hablar con ella. Le contó su vida, se le reveló como el Mesías y ella le creyó, después corrió a Samaria a contarles lo que le había pasado, es así como entró el evangelio, y por ende la conversión a este pueblo. Otros ejemplos de la Biblia son: María Magdalena, la primera mujer que vio a Jesús cuando resucitó. Débora, una mujer de gran sabiduría, una jueza y profetiza, con un gran don de discernimiento, ella escuchaba la voz del Señor, le obedeció a Dios con carácter e integridad, ella profetizó que una mujer destruiría a los líderes enemigos.

Esther era una huérfana, pero nunca tuvo una mentalidad de esclava, siempre tuvo una mentalidad de princesa, hija del Rey de Reyes y Señor de Señores, ella se caracterizaba por su fe, valentía, preocupación por los demás, poseía prudencia, autodominio y determinación. Esas son las mujeres guerreras que se levantan, que saben que, aunque "mi padre y mi madre me hayan abandonado, el Señor me recogerá" Salmo 27, 10. Tú y yo valemos la sangre de Cristo. No importa, mujer que estás leyendo, que un día fracasaste, que te acusaron, que derramaste tus lágrimas porque nadie te valoró, Dios te dice hoy que convertirá esas lágrimas en perlas preciosas. Dice el Señor: "Aunque tus pecados sean tan rojos como la escarlata, los dejaré blancos como la nieve, aunque sean tan púrpura, los dejaré como *blanca* lana" Isaías 1. 18.

No importa que tu marido te haya abandonado, se haya ido con otra, que tus hijos no te valoren o te ignoren, le importas al Rey al Dios todopoderoso eres la niña de sus ojos porque eres una hija que va a conquistar, hija al cual el trono espera.

Jael o Yael de origen hebreo que significa útil, valiosa, beneficiada, servidora fue una mujer que ocupó un papel importantísimo en la historia de las guerras de Israel, aparece en el libro de los jueces en el Antiguo Testamento, ella fue una gran heroína que mata a Sisara clavándole una estaca en la cabeza con un mazo para salvar a Israel de las tropas de Jabín, rey de Canaán.

Sisara hoy en día significa meditación, en otras palabras, que cuando las mujeres guerreras se levantan destruyen todo espíritu de pensamiento negativo porque muchas veces el enemigo aprovecha que la mujer esté sola así como Eva para poner pensamiento de doble sentido, negativos, traer espíritus de celos enfermizos, de lujuria, de envidia, hipocresía, de confusión para que la mujer diga ya no voy para la iglesia, mejor me voy al mundo ya no aguanto más me voy de la casa, ya no soporto a mi marido. Mujer guerrera que se va de rodillas porque Dios del cielo me va a responder, porque así se ganan las peores batallas, no tuvo miedo, sin importar que la mataran.

Judith, otra mujer heroína que expuso con valor su vida con tal de obtener la libertad para Israel su patria, nos enseña el poder de la oración, el ayuno, la fe en Dios, pidiéndole la fuerza necesaria para lograr cortar la cabeza de Holofernes logrando así la victoria. Estos ejemplos de estas grandes mujeres en la Biblia nos deben dejar claro y en alto que en Cristo nos fortalecemos y podremos salir de victoria en victoria, no dejes que tu debilidad sean los oídos, de hecho, si un hombre quiere conquistar una mujer tiene que hablarle bonito. La mujer que se debilita es porque escuchó algo que no proviene de Dios, con cualquier comentario negativo por eso que tú como hombre no debes hablarle a ella, sino con ella.

Ambos, hombre y mujer son importantes y debe haber ayuda idónea, un hombre se debe someter primero a Dios para así cumplir la voluntad de Él. Los dos son un complemento.

El propósito determina la naturaleza de las cosas, la naturaleza de las cosas determina sus necesidades por ejemplo el combustible le da rendimiento a un vehículo para avanzar. Pero no basta creer que un jardín va a crecer con gasolina. Tú, hombre, tienes que saber qué le das a tu mujer, no le puedes dar gasolina porque se va a encender más, un jardín crece con agua, con palabras bonitas, ternura, cariño, abrazos, besos. Dios creó a la mujer fuerte porque resisten toda prueba, toda lucha, mujeres que dan la vida cuando hay tormenta, batallas, cuando sacan sus fuerzas, aunque ya no puedan más, la verdadera fuerza de una mujer es su propia naturaleza por eso Dios le dio el don de dar vida.

El hombre siente la necesidad de ser respetado y la mujer la necesidad de ser amada. María la madre de Jesús, Dios vio en ella la gran facultad de poner al salvador en su vientre porque era una mujer muy favorecida por el favor de Dios, que es más grande que otra cosa, pero primero tiene que ser una mujer virtuosa, inteligente sabia, guerrera inspiradora. Porque el buen testimonio arrastra, motiva a Jesús a depositar toda su Gloria en Dios su Padre el creador de todo.

Mujer, levántate hoy como una mujer de guerra, una mujer que no le importe estar a los pies de Jesús, conviértete en una discípula, no solo le sigas, sino que también sírvele. Para Dios no le importa que tú llegues a la iglesia. Para Él lo que importa es que te postres ante el Rey de Reyes, eso va a despertar en Jesús una palabra profética que va a marcar tu vida para siempre.

Oración: "Padre Amado, hoy me postro a tus pies para derramar mi mejor perfume, para que hagas de mí esa princesa que con orgullo obtiene su corona, pero que también salga a flote esa guerrera valiente que cumple lo mejor de sí misma cada día, que ayuda a los demás, que lucha sus peores batallas en su casa, su trabajo, su ministerio, que quiere liberar a los cautivos, y conquistar las naciones. Todo esto te lo pido en nombre de tu hijo Jesucristo, que vive y reina por los siglos de los siglos, ¡amén!".

Pensamientos y reflexiones

_____

_____

_____

_____

_____

_____

_____

_____

_____

_____

_____

_____

_____

_____

_____

_____

_____

_____

_____

_____

_____

HOMBRES DE VALOR

"Yavé dijo a Samuel: 'Yo soy el que ha rechazado a Saúl y he decidido que no reinará más sobre Israel. ¿Hasta cuándo, pues, vas a estar llorando por él? Llena tu cuerno de aceite, pues quiero que vayas a casa de Jesé, del pueblo de Belén, porque he elegido a uno de sus hijos para ser mi rey'.

Samuel contestó: '¿Cómo voy a ir? Si se entera Saúl me matará'. Respondió Yavé: 'Lleva una ternera e irás como para ofrecer un sacrificio. Invita a Jesé al sacrificio y te indicaré lo que tienes que hacer y me ungirás al que yo te ordene'.

Cumplió Samuel lo que Yavé le había mandado. Cuando llegó a Belén, los jefes de la ciudad salieron temblando a su encuentro y le preguntaron: '¿Vienes en son de paz?'.

Samuel respondió: 'Sí, he venido a sacrificar a Yavé. Purifíquense y vengan conmigo al sacrificio'. Samuel purificó a Jesé y a sus hijos y los invitó al sacrificio.

Cuando ellos se presentaron, Samuel vio a Eliab, el mayor de edad, y se dijo: 'Sin duda este será el elegido'. Pero Yavé dijo a Samuel: 'No mires su apariencia ni su gran estatura, porque lo he descartado. Pues la mirada de Dios no es la del hombre; el hombre mira las apariencias, pero Yavé mira el corazón'.

Llamó Jesé a su hijo Abinadab y lo hizo pasar ante Samuel, quien dijo: 'Tampoco a este ha elegido Yavé'. Jesé hizo pasar a Sama, pero Samuel dijo: 'Tampoco es este el que ha elegido Yavé'. Jesé hizo pasar a sus siete hijos ante Samuel, pero éste dijo: 'A ninguno de estos ha elegido Yavé'.

Preguntó, pues, Samuel a Jesé: '¿Están aquí todos tus hijos?'. Él contestó: 'Falta el más pequeño, que está cuidando las ovejas'. Samuel le dijo: 'Anda a buscarlo, pues no nos sentaremos a comer hasta que él haya venido'. Mandó Jesé a buscar a su hijo menor. Era rubio, tenía lindos ojos y buena presencia. Y Yavé dijo: 'Levántate y conságralo con aceite, porque es este'.

Tomó Samuel el cuerno de aceite y lo ungió en medio de sus hermanos. Y el espíritu de Yavé permaneció sobre David desde aquel día. Luego se marchó Samuel y volvió a Ramá".

1 Samuel 16: 1-13

Vemos aquí en la palabra del libro de Samuel cómo Dios actúa y obra a través de sus planes divinos. Él había escogido a Saúl primero como rey de Israel, pero después enviando a Samuel a ungir a los hijos de Isaí quien tuvo ocho hijos: Eliab, Abinadab, Sammah, Natanael, Raddai, Osem, Elihú y David.

Pero Dios puso la mirada en un joven, el menor de ellos, un muchacho que cuidaba las ovejas y tocaba la citará. Dios no lo miraba por su apariencia física sino por su corazón, David como su sucesor, era el elegido por Dios para llevar a cabo sus planes y designios. Porque como dice su palabra en Isaías 55, 8: "Pues sus proyectos no son los míos, y mis caminos no son los mismos de ustedes, dice Yavé".

Así mismo, este capítulo de 16, de primera de Samuel nos hace aprender temas como la elección de Dios, la obediencia, la importancia del carácter y el liderazgo. Pero veamos qué significa la palabra ungido: Ungir significa aplicar aceite o ungüento sobre la cabeza o el cuerpo de una persona para un llamado especial. En el libro de Éxodo, capítulo 29, versículo 7 nos dice: "Ungían a los sacerdotes". Éxodo 40: 9: "Ungieron el tabernáculo". La palabra ungido significa separado escogido por Dios para algo. Esta palabra es para ti, mi hermano servidor que está leyendo esto, Dios, hoy te está hablando a ti para decirte que eres un hombre escogido por Dios, has sido llamado para cumplir una misión, la de ser un buen padre, un buen hijo, un buen esposo, un buen hermano, un buen trabajador, un buen compañero, un buen servidor.

Dios ya puso la mirada en ti, así como David para hacer cumplir en ti sus propósitos y designios, Dios no le importa cómo eres de estatura, si alto, bajo, de ojos azules, obeso o delgado. Lo que Dios ha mirado es tu corazón, tus sentimientos, tu servicio, eso es valioso ante sus ojos, porque sencillamente eres un hombre de valor.

Sí, el mismo que se levanta cada mañana para trabajar y darles una mejor vida a sus hijos, el proveedor de la casa, el que lleva el pan a la mesa, el que, a pesar de llegar cansado de un largo día de trabajo en construcción, yarda o pintura, plomería, o lo que hagas, no le importa jugar con sus hijos y dedicarles tiempo para ayudarles con sus tareas de la escuela. El que corrige, pero también aconseja con palabras sabias a sus hijos para que sean buenas personas y útiles en la sociedad. El que ama a su esposa y le ayuda con sus quehaceres del hogar, así no lo sepa hacer muy bien, trata y da lo mejor de sí. El que se presenta de rodillas ante Dios, ora, llora y cumple su voluntad porque quiere agradarle y sabe que algún día frente a su presencia, Dios le pedirá cuentas.

Hermano, así como la mujer princesa guerrera, hija de Dios, tú también eres ese príncipe hijo de un rey, un guerrero valiente que defiende a toda costa su familia, y con su testimonio habla por sí solo. Un hombre de valor, que pelea diariamente sus batallas, que empuña su espada, y se enfrenta a sus enemigos para defender su honor.

Un aguerrido hombre que Dios te dice hoy: "Levántate guerrero, tienes muchas hazañas por hacer y muchas naciones por conquistar, no te quedes en la conformidad, en la mediocridad, tú naciste y fuiste hecho para grandes cosas. Mi reino te espera, eres mi heredero porque fuiste hecho a mi imagen y semejanza".

Eres ese David que tuvo el coraje para luchar contra Goliat ese gigante, que todo mundo pensaba que era imposible vencer, pero Dios lo protegió del peligro. Piensa y actúa como ese David con una plena confianza y firme convicción en que Dios te librará de la oposición. Ánimo, hermano servidor, eres un HOMBRE DE VALOR.

Oración: "Hoy Padre, vengo ante ti con un corazón humilde y dispuesto a dejarme guiar por el Espíritu Santo, a ser un instrumento tuyo para llevar tu palabra, tu mensaje donde quizás hay muchos que ya perdieron su fe, que su luz se opacó. Pero si tú vas conmigo Amado Dios, nada temeré, porque Tú me has llamado y me has ungido para ser portador de buenas nuevas. Ser ejemplo para mi familia y modelo a seguir para mi comunidad, un hombre valiente pero también honorable ante la sociedad. A ti sea toda la gloria por siempre. Rey de Reyes y Señor de Señores. Que vives y reinas por los siglos de los siglos, amén".

Pensamientos y reflexiones:

_____

_____

_____

_____

_____

_____

_____

_____

_____

_____

_____

_____

_____

_____

_____

_____

_____

_____

_____

DÍA 28
HONRA A TU PADRE Y A TU MADRE

"Honra a tu padre y a tu madre, como el SEÑOR tu Dios te ha mandado, para que tus días sean prolongados y te vaya bien en la tierra que el SEÑOR tu Dios te da".

Éxodo 20, 12

Dios dice en el quinto mandamiento: honra a tu padre y a tu madre, este es el primer mandamiento con promesa para que tus días se alarguen en la tierra que el Señor tu Dios te da. Es un mandamiento del Dios omnipotente. La razón es porque nuestros padres son las primeras personas que conocemos y si no llegamos a amarlos y respetarlos a ellos, ¿cómo podremos amar y respetar al resto de personas? Por eso es necesario primero obedecer a nuestros padres desde nuestra infancia, segundo cuidarlos en la ancianidad y tercero, aunque usted sea viejo, honre a sus padres, muéstrales tu respeto y agradecimiento.

Hoy en día se ha perdido mucho el respeto y los valores inculcados por nuestros padres, hoy tenemos una generación que no conoce los valores familiares, mucho menos el atesorarlos. No solo existe negligencia hacia las familias, sino que también hay un ataque que proviene de la industria, de la música, la televisión. Y si no, preguntemos cuándo fue la última vez que viste en la televisión una película moderna que le dé un lugar y perspectiva correcta del hogar y de la familia, especialmente a una familia que viva en esta generación. Porque solo tienen la intención de confundir y envenenar las relaciones familiares.

Hoy tenemos una generación que controla el gobierno que parece creer en esa filosofía. Madre soltera con un padre ausente, a hijos que se han criado con los abuelos, hijos adoptados por parejas de ambos sexos, dos mujeres o dos hombres, hijos solo con el padre, su madre ausente, la familia está siendo redefinida hoy en día, hay un ataque sistemático contra los valores familiares que Dios diseñó cuando hizo al hombre y a la mujer y los puso en el jardín dándoles hijos.

Pensemos que, en los diez mandamientos, hay uno que trata de honrar a padre y a madre, y además este es el primer mandamiento de la segunda parte, o sea el cinco de los diez, ¿por qué? Porque toda la sociedad está fundada sobre este mandamiento, nuestras relaciones, dependen de ese seno familiar, y la sociedad que dejan de honrar a sus padres no podrán sobrevivir mucho tiempo, incluso antes de que Dios diga: no matarás, no hurtarás, no levantarás falso testimonio, no cometerás adulterio, antes que todo esto debemos honrar a padre y madre porque hijo que ama, respeta, valora y agradece a sus padres, no robarás, no matarás, y no cometerás adulterio.

La religión que no comienza en el hogar, no comienza, porque la familia es la base, el pilar, que sostiene, para expresar el amor que tenemos por Dios que ocupa el primer lugar, el segundo lugar, amar y honrar a nuestros padres no solo porque nos dieron la vida, sino porque no son nuestros padres al azar, Dios ya tenía el plan perfecto y maravilloso que tú nacieras dentro del vientre de tu madre, y desde ahí te llamó por tu nombre. La palabra de Dios manda que tú lo hagas, honrar a tu padre y tu madre, y para esto te voy a dejar tres recomendaciones, ya antes mencionadas, pero las voy a precisar.

1. Obedece a tus padres cuando eres joven. Colosenses 3,20 dice: "Hijos, obedeced a vuestros padres en todo, porque esto agrada al Señor". Si tienes un espíritu de rebeldía hacia sus padres, esto no le agrada a Dios, conoce usted lo que hace la diferencia entre los niños, es básicamente la obediencia los que, si obedecen, cumplen las reglas, hacen sus quehaceres del hogar, los escuchan, y los que hacen caso omiso. La palabra dice en Levítico 20,9: "Todo aquel que maldiga a su padre o a su madre, ciertamente se le dará muerte; ha maldecido a su padre o a su madre, su culpa de sangre sea sobre él". ¡Qué fuerte, verdad! Si eso se aplicara, hoy en día no existirían niños, ni jóvenes en el mundo. Es para tener en cuenta, así tengamos la edad que tengamos.

2. Cuidar de sus padres cuando estén ancianos, hoy en día existe un serio problema en los países, los ancianos son abandonados por sus hijos, ¡despiadados y egoístas! Dios manda que los hijos deben cuidar de sus padres ancianos, ellos nos cuidaron a pesar de nuestras faltas, ahora debemos cuidarlos a pesar de sus faltas, si tenemos que cargarlos, bañarlos, darles de comer, sacrificarnos por ellos, recuerden que ellos lo hicieron primero con nosotros. Tenemos una generación que ha olvidado los valores familiares básicos.

3. No solo debemos obedecerlos cuando somos jóvenes, y cuidarlos cuando estén ancianos, mas debemos honrarlos, ya sea que estemos jóvenes o viejos. Honrar significa adjuntar peso a algo, sus padres no deben ser tomados a la ligera, sino, por el contrario, darles todo honor. Formas de honrar. muéstrales respeto, en Levítico 19,3: "Cada uno temerá a su padre y a su madre, no significa temblar o tenerles miedo, esto significa reverencia, respeto, nunca les hable de mala manera o con palabras inapropiadas a sus padres". Nunca maldecir. Proverbios 30, 17: "A los ojos que desafían a su padre y se niegan a obedecer a su madre, los cuervos del torrente los arrancarán, los aguiluchos los devorarán". Debemos estar agradecidos con nuestros padres, William Shakespeare lo dijo: "No hay nada que pueda igualar el amor de un padre", puede ser interpretada como una muestra de gratitud hacia los padres por todo lo que hacen por nosotros. Es decir que no somos nadie para juzgar por lo que hayan sido o hayan hecho nuestros padres, así como nosotros tuvimos nuestras etapas, de rebeldía en la adolescencia o nuestras crisis existenciales, emocionales; así mismo ellos, pasaron por situaciones difíciles. Lo he escuchado en los miles de testimonios que salen en la programación, aviva el fuego cada mañana de los hermanos y hermanas con respecto su difícil crianza, sus formas de corregir no adecuadas por sus padres para con ellos. Pero quizás así mismo lo trataron a ellos en su niñez o su juventud. Yo nunca les hablé mal de sus padres a mis hijos, del mayor que desapareció, no se hizo cargo de la paternidad ni responsabilidad, y el otro padre de mis otros dos hijos que bien estuvo presente, pero con subidas y bajadas, con muchas complejidades, en pocas palabras no somos perfectos

y cuando nosotros nos hacemos padres es cuando venimos a entender esto, comprender lo que significa ser padre o madre, no hay una escuela o una universidad donde te enseñen a ser padres, sentimos dudas, miedos, inseguridades, no se nos dan clases, para esto, pero si en el camino vamos con la sabiduría de Dios criando a nuestros hijos e hijas con amor, paciencia, ejemplo, valores, carisma, sabios consejos, en fin con todo lo que implica la paternidad o la maternidad y sentirnos orgullosos de nuestros hijos, y viceversa.

Bendigamos a nuestros padres, y démosles gracias a Dios por su vida, por todo lo que nos han dado, sea mucho o poco, pero puedo asegurarte de que dieron lo mejor por ti y por tus hermanos. Si te encuentras lejos de ellos, llámelos, hazles saber que les importas, envíales ayuda; si, al contrario, estás cerca, convive con ellos, visítalos, llévales un regalo, pero más que material son besos y abrazos, pon ese amor en acción, verbalízalo, hazlo realidad, demuéstralo. Tan rápido como puedas, no esperes seis metros bajo tierra, o llorando sobre una tumba para recuperar ese amor que nunca demostraste, cuando ya se es demasiado tarde.

Oración: "Gracias Padre de amor, de misericordia por proveernos cada día, hoy nos colocamos ante tu presencia para honrar la vida de nuestros padres, los que se desvelaron por nosotros y por sacar adelante la familia, sabemos que un padre no es solo el que engendra, sino también el que cría, enseña, se preocupa, y da lo mejor de sí. Te pedimos, Señor y a nuestra Madre santísima la virgen María, que los acompañe siempre, que los ayude en sus necesidades, que no los desampare. Todos los seres humanos conocemos el amor desde que nacemos gracias a ellos, a su sacrificio por nosotros, sus cuidados cuando estamos enfermos o tenemos algún problema. Venimos hoy humildemente a orar por nuestros padres, sin importar sus edades, pedimos a Dios que les dé una larga vida, llena de amor, salud y satisfacciones, y pedimos la intercesión de la Virgen María que cuide de ellos y los proteja con su manto en tomo momento. ¡Amén!".

Pensamientos y reflexiones:

_____

_____

_____

_____

_____

_____

_____

_____

_____

_____

_____

_____

_____

_____

_____

_____

_____

_____

_____

DÍA 29

LOBOS ENTRE OVEJAS

"Los envió como ovejas en medio de lobos. Por tanto, sean astutos como serpientes y sencillos como palomas. Tengan cuidado con la gente; los entregarán a los tribunales y los azotarán en las sinagogas. Por mi causa los llevarán ante gobernadores y reyes para dar testimonio a ellos y a los gentiles. Pero, cuando los arresten, no se preocupen por lo que van a decir o cómo van a decirlo. En ese momento se les dará lo que han de decir, porque no serán ustedes los que hablen, sino que el Espíritu de su Padre hablará por medio de ustedes.

El hermano entregará a la muerte al hermano, y el padre al hijo. Los hijos se rebelarán contra sus padres y harán que los maten. Por causa de mi nombre, todo el mundo los odiará, pero el que se mantenga firme hasta el fin será salvo".

Mateo 10, 16-22

Hermanos, reciban la paz de Cristo, el devocional de hoy nos trae un convencimiento fuerte y total de la palabra de Dios. ¿Por qué es tan importante conocer esta gran verdad? El enemigo utiliza mucho las estrategias del camuflaje, el poder de introducirse de manera que no lo descubran dentro de cualquier contexto que esté caminado en orden, creciendo, prosperando. Muchos ataques en el mundo espiritual que nosotros, como servidores intercesores, debemos saber discernir.

Pero veamos qué es un lobo: un animal carnívoro, cuadrúpedo, mamífero, parecido al perro raza husky. Puede confundir, tiene apariencia, viene del hebreo manía y significa mente perturbadora. Es aquello que te viene y te da vueltas y vueltas, te va dando un seguimiento y tú sabes lo que vas a hacer, pero esa mente es una manía que te llama por la mañana, por la tarde, a cualquier hora: ¡Divórciate, mejor! ¡Ya no vayas a la iglesia!, ¡tú no vales nada! Y después no tienes salida.

Los lobos también aúllan para llamar a otros lobos para que se unan a su manada para ser más fuertes. Qué tenemos que hacer nosotros: cuando venga a tus pensamientos y te sientas muy cargado espiritualmente, tú le dices conmigo no cuentes porque yo no soy lobo, soy oveja, y tengo mi pastor, soy un hijo de Dios y cargo la unción del Espíritu Santo.

Estos son específicos porque son tan inteligentes y sabios que esperan que esa oveja esté sola e indefensa. Ellos operan de manera que tú estés herido, débil, que estés en una crisis y en ese momento vienen a atacarte porque estás inofensivo, vulnerable, débil. Por eso, hermanos servidores, debemos activar la sangre de Cristo, cubrirnos y protegernos en nuestras vidas.

Cuando tú estás fuerte espiritualmente no vienen esas voces, porque tú puedes resistirlo. Pero cuando está débil cualquier pensamiento te afecta, no seas presa fácil, David decía: "En paz me acostaré y en paz me levantaré, tengo identidad de hijo de Dios".

Por ejemplo, Job no sabía que Satanás lo estaba rodeando, y que había tenido una conversación con Dios. Y nosotros a veces por andar tan ocupado en nuestras cosas, no sabemos lo que el enemigo está tramando o planificando en contra de nosotros. Estas estrategias son las que debemos estar alertas, y no dejarnos engañar o confundir, el enemigo es experto en esto, así como engañó a Eva y se camufló en una serpiente, así mismo puede venir de cualquier forma o en cualquier persona para distraernos, confundirnos y hasta hacernos salir del camino y de los planes de Dios. La Biblia nos menciona claramente en Lucas 10, 2 dice: "Después de esto, el Señor eligió a otros setenta y dos discípulos y los envió de dos, en dos delante de él, a todas las ciudades y lugares a donde debía ir. Les dijo: La cosecha es abundante, pero los obreros son pocos. Rueguen, pues, al dueño de la cosecha que envíe obreros a su cosecha".

Porque vivimos en un mundo que se mueve rápidamente en sus comunicaciones, donde se valora a quien produce más en los trabajos y se margina a quien no alcanza las metas del mes, donde la competencia profesional se evalúa constantemente y se contabiliza con avaricia los resultados, se buscan y tienen en cuenta personas donde establecen solo proyectos de éxito, entre otros.

La evangelización pasa a un segundo plano y donde entre menos me comprometa mejor, pero un buen discípulo no basta emplearse a fondo para un cargo de responsabilidad en una empresa hoy en día, no basta si quieres ser originales para atraer masas, a la gente, buscar reconocimiento o aceptación por los demás.

Tu servicio no está en juego y no se negocia, debemos partir que solo somos instrumentos en las manos de Dios, porque dar fruto es comunicar a los demás toda una experiencia, una fe que hemos recibido como un don, es darla como compartir, que tiene un valor, porque la fe no se posee y es solo de Dios. Por eso hay que predicar la verdad, así estemos en medio de lobos que más que vivir en el mundo, pero no somos del mundo. Un mundo lleno de hipocresía, mentira, falsedades, medio ánimo, de tantas cosas negativas. Lobos que te van a acechar, que no van a querer verte feliz, predicar, servir a Dios, ver que usted prospere. Pero en medio de estos lobos, no estamos solos, hay un pastor que va a querer dar la vida por su rebaño, y se llama Cristo Jesús. Y dice la escritura que las ovejas escuchan la voz de su pastor y cuando no escuchan la voz de su pastor: toman decisiones a la ligera, en su propia concupiscencia, hasta decisiones basadas en sus emociones.

Él nos ha concedido comunicar nuestra vivencia consciente de que Dios añadirá la parte que corresponde, se requiere dejarse guiar por el Espíritu Santo y sobre todo humildad y confianza para estar más pendientes de Dios y de su voluntad y nosotros mismos de sus virtudes y capacidades al igual que nuestros defectos y limitaciones son también parte de este plan de Dios, por sus frutos los reconoceremos. No fuiste creado para chismes, para dañar, fuiste creado para edificar, bendecir, para profetizar. No estás en vano en esta tierra, tú cargas un llamado, una asignación, un destino y es de bendición. ¡Amén!

Oración: "Amado Dios, hoy te pedimos que nos ayudes en crecer en santidad, en la generosidad, en la prontitud, en la autenticidad, que nunca consintamos el egoísmo o doblez. Sabemos que es difícil, pero si pedimos tu gracia para rectificar hoy todo aquello que nos aleja de ti. Gracias por regalarnos un día más de vida y dejarnos servir en la obediencia y en la humildad".

Pensamientos y reflexiones:

_____

_____

_____

_____

_____

_____

_____

_____

_____

_____

_____

_____

_____

_____

_____

_____

_____

_____

_____

_____

LA FUERZA DE LA VOLUNTAD

"Entonces dije: Aquí estoy, de mí está escrito en el rollo del libro. He elegido mi Dios, hacer tu voluntad, y tu ley está en el fondo de mi ser".

Salmo (40:8)

"Enséñame a hacer tu voluntad, porque tú eres mi Dios; tu buen Espíritu me guíe a tierra de rectitud".

(Salmos 143:10)

Hoy quiero comenzar con estos cuestionamientos: **¿dónde** entra la voluntad de Dios en tu vida? Te pide su dirección, guía, provisión o se despierta en la mañana y decide cómo vivir el día, o no lo piensa mucho, solo dice la misma rutina todos los días.

Siempre y cuando tenga lo que necesite. Partamos que la voluntad de Dios para ti no es un mapa, es una relación, cuando Él guio al pueblo de Israel por el desierto no les dio un mapa, les dio de día una columna de nube; de noche, una columna de fuego, iluminándolos para que anduvieran de noche como de día. Éxodo:13,21.

¿Qué harías si Jesús se te apareciera en forma física y estuvieras frente a frente con él? Creo que lo primero que harías sería ponerte de rodillas y adorarle. Y ahora supongamos que Él te preguntara ¿qué quieres saber? ¿Qué le preguntarías al señor Jesús? Quizás, Señor, ¿qué quieres que yo haga? Queremos saber el final desde el principio y eso no es asunto nuestro, eso dejémoslo a Dios. Por eso es que Dios es tan severo en las escrituras en los que tratan de descubrir el futuro a través de medios ilícitos como: adivinación: cartas de tarot, tabla de guija, magia negra, vudú, espiritismo, brujería. Te has preguntado: ¿Cómo conocer la voluntad de Dios para mi vida?

En Deuteronomio 29,28-29 dice: Las cosas secretas pertenecen a Yavé, nuestro Dios, pero las que nos dio a conocer nos comprometen, a nosotros y nuestros hijos para siempre, y tenemos que poner en práctica todas las disposiciones de esta Ley. Este texto nos hace una distinción entre la voluntad oculta de Dios y la ley revelada de Dios.

Dios no nos ha revelado todo y lo ha ocultado de nosotros, sin embargo, al mismo tiempo no nos hemos quedado en la oscuridad porque comprendemos sobre quién es Dios para nuestra existencia. 1 tesalonicenses 5-18 dice: "Y den gracias a Dios en toda ocasión; esta es, por voluntad de Dios, su vocación de cristianos". "Pon tu alegría en el Señor, Él te dará lo que ansía tu corazón" Salmo 37:4.

Debemos orar siempre para que la voluntad de Dios sea hecha en la tierra como en el cielo y nuestra voluntad en el cielo como en la tierra. Algunos ven la voluntad de Dios de manera fatalista, en la Biblia existen muchos casos en los que algunos hombres a pesar de no cumplir la voluntad de Dios, y le fallaron a Él, igual ya tenía Dios para con ellos un propósito, y tarde o temprano optaron por cumplir la voluntad de Dios y no la de ellos, vemos, por ejemplo:

- David fue el mayor rey de Israel, codició a la mujer de un hombre, cometió adulterio, mandó a matar al marido de la mujer, tuvo un hijo, y sobre todo eso tenía un corazón tierno y cautivo, el corazón de Dios. El caso de Abraham cuando concedió un hijo con su sirvienta Agar llamado Ismael.

- Jonás: decidió desobedecer a Dios y no ir a advertir a la población de Nínive que Dios los castigaría por lo malo que estaban haciendo, y estando en el mar. Dios envió una ballena para que se lo tragara estando en el vientre del animal por tres días.

- Gedeón: fue elegido por Dios para liberar el pueblo de Israel de los ataques medianitas, sin embargo, era un hombre que dudaba, tenía miedo, cobarde, temeroso, desconfiado y lleno de dudas sobre Dios y su poder, pero así y todo fue usado por Dios grandemente para honra y gloria suya.

- Jeremías: fue escogido por Dios para ser un gran profeta, tal vez se resistió al llamado de Dios por un tiempo, pero luego se dio cuenta de que tenía que obedecer la voluntad de Dios.

- Moisés: otro gran elegido de Dios para cumplir una misión. Nos narra la Biblia que fue el elegido para sacar al pueblo de Israel de la esclavitud por los egipcios y llevarlos a la tierra prometida, pero este resiste a la misión encomendada porque no tenía facilidad de la palabra, se dice que tartamudeaba.

- Elías: Otro elegido por Dios, pero se escondió en una cueva porque tuvo miedo y huyo para salvar su vida, luego llego al desierto y se quería morir porque se sentía un inútil, quizás un fracasado, se sintió deprimido. Sin embargo, Dios no lo abandonó, le envió ángeles que le llevaran comida y lo fortaleció para continuar adelante.

- Los apóstoles: con virtudes y defectos, no eran expertos, ni leídos o instruidos, hombres de carne y hueso como tú y como yo, que quizás se equivocaron, tenían dudas, miedos, se peleaban entre ellos, uno lo vendió, otro lo negó, otro dudo y alguno de tantos quería sobresalir del resto de los demás, no es nada diferente a nosotros ahora en este caminar, con Cristo Jesús, pero así y todo Jesús creó una hermandad, un ministerio, gracias al Espíritu Santo se llenaron de valentía y salieron a evangelizar.

- Apóstol Pablo: persiguió a los cristianos, con aires de grandeza y superioridad, quizás poseía algo de vanidad, y superficialidad. Pero Dios lo llamó y lo escogió para ser el mejor recurso de la iglesia, elocuente, inteligente, hablaba varios idiomas, escritor, con sabiduría y talentos que se dejó usar por Dios para hacer su voluntad.

Dios es capaz de hacernos volver a la pista si estamos dispuestos a seguirlo, permitiendo que nos guíe en la dirección que debemos seguir. Ellos lograron comprender la voluntad de Dios. Aunque en algún momento estuvieron más preocupados por su voluntad, que por la de Dios. A veces Dios calla con respecto a su voluntad, es cierto que en muchos casos nuestra carnalidad puede segarnos a la revelación de Dios de sí mismo para nosotros.

La idea que no podemos oír la voz a la voluntad de Dios al buscarla y cuando quiere revelarla es cuestionar el poder de Dios.

La voluntad de Dios es que nadie se pierda y tengan la vida eterna, que ninguno pecara, pero la humanidad continúa pecando. Cómo puede ser esto, si Dios siempre cumple lo que Él quiere, debemos distinguir entre la voluntad absoluta de Dios y su voluntad moral.

La primera siempre es realizada mientras que la segunda es un deseo cuyo cumplimiento depende de la respuesta del hombre y aquí es donde se cumple, si el corazón está dispuesto a escuchar la voluntad de Dios y es la voluntad de Dios revelarla al corazón podemos estar seguros de que Dios va a realizar la voluntad en ese sentido. La palabra de Dios claramente indica que Dios quiere revelar su voluntad a los pecadores, Mateo 13: 11 Jesús les respondió: "A ustedes se les ha concedido conocer los misterios del Reino de los Cielos, pero a ellos no".

Si pudieran conocer la voluntad de Dios sin ni siquiera tener una relación personal con Él, cuanto más debemos ser capaces de hacer la voluntad de Dios mientras disfrutamos de la comunión con Él. El hecho de despertar y poder respirar cada mañana porque estamos vivos, de abrazar y dar un beso a nuestros hijos, tener un trabajo que nos permite nuestro sustento diario, el congregarnos a nuestra comunidad en el templo. Eso nos permite dar gracias y recibirlo como bendiciones de Dios, porque Él quiere hacer cumplir su voluntad en nosotros y viceversa.

No debemos temer que Dios no está desarrollando su voluntad en nuestra vida, por eso hoy te invito a que confíes en Dios y en su capacidad para guiarte en los caminos que debes mientras mantengas en una actitud y un espíritu de adoración, puedes estar seguro de que los deseos de su corazón no son deseos voluntariosos, sino que Dios los ha dado para cumplir sus propósitos.

Si en verdad quieren conocer cuál es la voluntad de Dios para ustedes, Él hará que ustedes lo sepan. Mantengamos dispuestos, firmes ante las pruebas, y en una relación más íntima con el Padre eterno que nos ama, a pesar de ser tan imperfectos.

Oración: "Padre Celestial te agradecemos por tu amor y tu fidelidad hacia nosotros. Te pedimos que fortalezcas a todos los que lean este devocional, que les des la confianza, y la fuerza para superar cualquier dificultad, ayúdanos a entender tu propósito y cumplir tu voluntad, aunque muchas veces no la comprendamos, pero que podamos recordar que somos tus hijos e hijas amadas, valoradas y que algún día podamos disfrutar contigo en la eternidad, en el nombre de Jesús. ¡Amén!".

Pensamientos y reflexiones:

LA SANGRE DE CRISTO TIENE PODER

"Jesús les dijo: 'En verdad les digo que, si no comen la carne del Hijo del Hombre y no beben su sangre, no tienen vida en ustedes.

El que come mi carne y bebe mi sangre vive de vida eterna, y yo lo resucitaré el último día.

Mi carne es verdadera comida y mi sangre es verdadera bebida.

El que come mi carne y bebe mi sangre permanece en mí y yo en él.

Como el Padre, que es vida, me envió y yo vivo por el Padre, así quien me come vivirá por mí.

Es el pan que ha bajado del cielo. Pero no como el de vuestros antepasados, que comieron y después murieron. El que coma este pan vivirá para siempre".

Juan 6, 53-58

Partamos del hecho para que Jesús nuestro Señor resucitara entre los muertos tuvo que morir y murió para redimirnos con su sangre preciosa. En primer lugar, la sangre de Cristo es sagrada, la sangre que corría por sus venas no era como cualquier hombre o mujer, su sangre es sagrada, esa es la razón de por qué Cristo nació de una virgen.

Sabía que el tipo de sangre está determinado por el papá, por eso en la prueba de paternidad se puede determinar quién fue el padre que engendro al niño o niña y te da una probabilidad de 99,9 %. Entonces la sangre de Dios fluía por sus venas de Jesucristo. Pero ustedes dirán: un momento, Dios no tiene sangre. La tuvo cuando Jesús estuvo en la tierra. Por el misterio de la Santísima Trinidad. Padre, hijo, el Espíritu Santo, tres personas distintas y un Dios verdadero.

En Hechos 20,28 dice: "Cuiden de sí mismos y de todo el rebaño en el que el Espíritu Santo les ha puesto como obispos (o sea, supervisores): pastoreen la Iglesia del Señor, que él adquirió con su propia sangre." La sangre sagrada y derramada para la redención los pecados del hombre. Jesús no murió como un mártir, Él fue un sustituto voluntario, fue la sangre sagrada y esta a la vez se transformó en sangre salvadora. Somos salvos por la sangre del cordero, por eso tuvo que nacer de una virgen para nacer sin pecado, y se hizo hombre para que podamos ser hijos de Dios.

La Biblia dice la sangre de Jesucristo nos limpia de todo pecado. Además, su sangre es la sangre compartida, comer su carne y beber su sangre. Lo que se refiere Jesús es que nosotros debemos alimentar nuestro espíritu con Él, Jesús es para su espíritu, lo que la sangre es para su cuerpo. Jesús habla de su vida en mi vida, porque, aunque entienda lo de la sangre salvadora, no pueden entender lo de la sangre compartida, es decir, lo que significa comer y beber su sangre. Es decir, alimentarnos de Él.

Lo que en verdad representa la sangre de Cristo es el tamaño de nuestro pecado. Nuestro pecado es tan grande, tan escandaloso y perverso que no puede ser pagado con plata, oro, joyas, piedras preciosas, ni con la sangre de ningún tipo de ser viviente, sino solo con la sangre de un hombre sin pecado, como lo es Jesús. (1 Pedro 1:18-19)

La postura de *"vales la sangre de Cristo"* nos enfoca en nosotros mismos. Por el contrario, el entender que Dios me ama y que pagó por mi redención con la sangre de Cristo, sin merecerlo, nos permite descansar en la gracia salvadora de Dios... Y puedo glorificarle sólo a Él; de otra manera solo estoy aceptando, con altanería, que Dios hizo un buen trueque por mi vida al poner su vida en mi lugar.

¿Tienes problemas de autoestima? No se solucionan enfocándote en ti mismo o tratando de inflar tu ánimo con recetas humanistas. Tu identidad va a encontrar descanso al entender el gran AMOR (así con mayúsculas) de Dios, quien tuvo tanta misericordia que ha pagado un precio que no valíamos para poder darnos la oportunidad de glorificarle. Sufres depresión, insomnio, ansiedad, preocupación, envidia, celos, orgullo, soledad, amargura y tristeza, hermanos todo eso tiene solución y sí digo que consultar un psicólogo estaría bueno y te ayudará, pero lo que se trata de entender hoy y lo que Dios te está diciendo es que todo lo que necesitas para vivir está en Cristo Jesús. ¡En su hijo que maravilla Gloria a Dios por eso! ¡Amén!

2 Pedro 1,3 nos dice: "Carta de Simeón Pedro, servidor y apóstol de Cristo Jesús, a todos aquellos que tuvieron la suerte, como la tuvimos nosotros, de recibir una fe tan preciosa y de ser renovados por nuestro Dios y Salvador Jesucristo. Que la gracia y la paz se les aumenten de día en día junto con el conocimiento de Dios y de Jesús, nuestro Señor. Su poder divino nos ha dado todo lo que

necesitamos para la vida y la piedad, en primer lugar, el conocimiento de Aquel que nos ha llamado por su propia gloria y fuerza".

De acuerdo con su divino poder nos ha sido dadas todas las cosas. Hay una vida abundante a través de Cristo resucitado, debemos apropiarnos de la constante provisión de la sangre, así como la vida de mi cuerpo físico está en el torrente sanguíneo, en la vida espiritual es Jesús. La sangre de Cristo también nos limpia constantemente de todo pecado.

En cambio, si caminamos en la luz, lo mismo que Él está en la luz, estamos en comunión unos con otros, y la sangre de Jesús, el Hijo de Dios, nos purifica de todo pecado. Debemos reclamar el poder conquistador de la sangre, saben ustedes cuál es el mayor enemigo de la humanidad, no son las guerras, las bestias salvajes. El mayor enemigo de la humanidad son las bacterias, y los virus, en la Segunda Guerra Mundial, ocho y medio millones de personas murieron, pero después una epidemia gripal mató a veinticinco millones. La plaga negra se hizo presente en Europa con cincuenta millones de personas fallecidas. La pandemia que nos golpeó fuertemente en el 2020, 2021, 2022 hasta el año pasado, la COVID-19 mató aproximadamente 6.9 millones de personas en el mundo.

Pero con la sangre de Cristo venceremos, porque si Jesús venció a la muerte, y destruyó todos los secuaces de Satanás, con más razón nosotros podremos vencerlo, el príncipe de este mundo. Satanás no tiene ningún poder contra la sangre de Jesús que fluye a través de su cuerpo, que es la iglesia. Es su sangre la que nos redime, nos libera, nos cubre y protege de todo mal y peligro.

Oración: "Amado Señor Jesucristo, te pedimos por tus benditas llagas y por tu preciosísima sangre, que sanes nuestras heridas físicas, emocionales y espirituales, que podamos comer tu cuerpo y beber tu sangre para llegar a ser salvos, para conocer más de ti y ser bendición para otros. Todo esto te lo pedimos bajo la protección y tu gracia que nos libera. ¡Amén!".

Pensamientos y reflexiones:

_____

_____

_____

_____

_____

_____

_____

_____

_____

_____

_____

_____

_____

_____

_____

_____

_____

_____

_____

_____

DÍA 32
SOMOS PEREGRINOS EN ESTA TIERRA

"Porque somos forasteros y peregrinos delante de ti, como lo fueron todos nuestros padres; nuestros días sobre la tierra, pasan como las sombras y no hay esperanza".

I Crónicas 29:15

El significado peregrino se refiere al término cuya etimología nos lleva a la lengua latina *peregrinus* se utiliza para llamar al sujeto o persona que realiza un recorrido por regiones desconocidas por él. En pocas palabras, un peregrino decide hacer un viaje extenso para llegar a un templo o lugar sagrado. Este acto suele tener un simbolismo de nuestra fe y compromiso con Dios, en consecuencia, la idea religiosa del peregrinaje se asocia a la vida como un camino a recorrer, en algunos casos un peregrino es alguien que está penando e inicia su trayecto de tal forma para reparar sus faltas, también hay algunos que realizan la travesía a modo de promesa.

En la época medieval, los peregrinos solían dirigirse a Jerusalén, Roma o Santiago de Compostela.

Desde este punto de vista, se consideraba la vida como algo efímero que iba en camino hacia la otra. Además, los santos y los personajes del Antiguo testamento confesaban que eran extranjeros sobre la tierra. Hebreos 11:13. En la sagrada escritura se hace alusión a la condición de forasteros y peregrinos que los cristianos durante su paso por este mundo, ya que se dice que la ciudadanía del creyente en Dios está en los cielos donde se encuentra Cristo Resucitado. Se podría decir en sentido figurado que en este paso por la vida obtenemos un pasaporte, pero debemos llegar obtener la visa para entrar al cielo.

Es así como se participa del noble carácter de aquellos testigos tienen de Dios. Debido a que, en el pasado, realizaban este acto en busca de la ciudad celestial, habiendo salido del mundo terrenal, residiendo como extranjeros y peregrinos en la tierra que les había sido prometida. Durante este momento de nómadas, el Señor enseña a los creyentes a conocerle a él y también para que se conozcan a sí mismos. Durante la peregrinación de un cristiano este tiene el privilegio de actuar como embajador de Cristo ante el mundo que lo ha rechazado.

Ahora bien, mi pregunta es: si estamos aquí de paso, ¿por qué actuamos de manera egoísta y creyéndonos que somos los dueños del oro y de la plata? Cuando en realidad no lo somos. ¿Por qué queremos gobernar aquí, y tener el poder, alcanzar la fama, y tener fortuna? Hasta llegar a controlar la mente humana y el interés de clonar a otros… ¿Estamos hablando de manera material y donde queda lo espiritual? Te has puesto a pensar ¿por qué existe tanta desigualdad social, racismo, injusticias, corrupción, división social, guerras, hambre, esclavitud, destrucción y muerte en el mundo? La respuesta es simple, existe en el mundo falta de Dios. O más aún, ¿dónde hemos colocado a Dios?

"El mundo actual está perdiendo el rumbo porque ha apartado su mirada de Dios y es la única razón que ha desatado una hecatombe de problemas, de violencia y todo lo que ya sabemos; solo basta con ver los noticieros para confirmarlo. Hemos apartado a Dios de todo, Él no figura en la vida de muchos, en las escuelas, instituciones gubernamentales y en las familias mismas, no es correcto hablar de Él, porque puede causar confusión y lo peor puede ofender la susceptibilidad de muchos que no creen en Él. Qué necio se ha vuelto el mundo, continúa llamando verdad al sinsentido, cree poder sobrevivir sin la verdad y sin el calor del amor misericordioso de su creador. Esta sociedad tiene vergüenza de aceptar la verdad en sus vidas, pero se siente orgullosa de predicar el absurdo a todo pulmón. Una cosa tengo clara, que el día que dejemos de creer en Dios completamente, ese día será el final de todo, porque nos congelaremos completamente en nuestros egoísmos y nos aniquilaremos mutuamente, porque no soportaremos el absurdo de la maldad".

Jesús nos dejó bien claro, que nada podemos hacer sin su ayuda, sin su presencia y sin su amor, nada tiene sentido. "Sin mí ustedes no pueden hacer nada" (Jn 15, 5), esto indica que todo lo que hagamos y todo lo que vivamos no tendrá sentido ni razón de ser, si no es con su ayuda; si Él no está presente en nosotros, nuestra vida pierde toda razón de ser.

Y es aquí donde brota la respuesta al sinsabor e infelicidad humana, cuando perdemos el contacto con Dios, todos nuestros anhelos de superación y crecimiento espiritual pierden su objetivo, y comenzamos a olvidar nuestro propio origen, y nos comenzamos a volver vacíos y las dudas vienen a nuestra vida. Y comenzamos a poner nuestra mirada aquí en los bienes materiales y olvidamos que estamos llamados a algo mucho más grande.

Cuando se está de la mano de Dios, se tiene claro que por vocación, se aspira a la plenitud de vida, sencillamente porque a eso se está llamado, porque a eso se orienta todo su ser. El ser humano sabe bien que tal plenitud y felicidad no es algo ya dado, sino algo que debe buscar y conquistar en los días que le tocan vivir en este mundo. Lo cierto es que todos estamos continuamente en búsqueda de una vida plena, plena de gozo y felicidad: ella es para nosotros como una exigencia profunda, una "necesidad vital". Pero ¿de dónde viene este anhelo? Dios, autor de nuestra vida, nos ha creado para que participemos de su misma vida y felicidad infinitas. Él ha puesto ese sello en nosotros para que lo busquemos. Es la razón por la que experimentamos ese impulso interior, esa "sed de infinito" que nada puede apagar, esa necesidad de plenitud y felicidad.

El sentido de la vida del ser humano solo puede entenderse y disfrutarse en plenitud cuando este, vive en una relación vital con el Señor Jesús, quien es la vida misma y quien es la fuente la vida de toda la humanidad. Los cristianos incorporados a Cristo por el bautismo y en la medida en que cooperamos con el don del amor derramado en nuestros corazones y cuando nos abrimos al dinamismo de la gracia vivificante, glorificamos al Padre con la alegría y el entusiasmo manifestado en nuestra vida, que se vuelve un rostro pleno de amor. Por tanto, solamente siguiendo los pasos del Señor Jesús, es que aprenderemos que la vida solo adquiere sentido cuando se está con Él, cuando se le acepta como dueño de nuestro ser, solamente entonces entenderemos que vida conlleva la pedagogía de la alegría y del dolor, que solamente cuando entendamos que esto no significa ausencia de Dios, sino crecimiento divino, entonces podremos vivir en plenitud. (Díaz, 2021).

Oración: "Amado Dios, creador de todo lo que existe, te damos gracias, te alabamos y te bendecimos porque estamos seguros de que somos tus hijos, y que solo estamos de paso aquí en la tierra, que nos espera contigo disfrutar de las riquezas eternas, si seguimos fiel a tu palabra y voluntad, te pedimos que nos des la gracia para no apartarnos de tus designios y propósitos. Comprendemos que hoy somos portadores de buenas nuevas y que debemos hacer nuestro mayor esfuerzo para ganarnos el cielo para contemplar tu rostro por toda la eternidad. ¡Amén!".

Pensamientos y reflexiones:

_____

_____

_____

_____

_____

_____

_____

_____

_____

_____

_____

_____

_____

_____

_____

_____

_____

_____

_____

_____

_____

ERES MÁS FUERTE DE LO QUE PIENSAS (DERRIBA LAS MURALLAS)

"Y derribará las fortalezas inexpugnables de tus murallas, las humillará y las echará por tierra, hasta el polvo".

Isaías 25,12

En algún momento de nuestras vidas enfrentamos momentos difíciles, quizás situaciones que pensamos no poder soportar, luchas, injusticias, caos, desesperación. Pero la buena noticia es que Dios no te dará más de lo que tú no puedas soportar. Hace dos años una amiga de New Jersey perdió a su hijo, tenía tan solo quince años, sufría depresión, pero no lo demostraba, quizás sus padres no estuvieron tan alertas porque sus comportamientos eran entre comillas normales, un día mi amiga llegando del trabajo vio que no respondía su hijo, tocaba la puerta de su habitación varías veces y nadie salió, pensó: ¡Estará dormido! Ella sabía que regresaba de la escuela a eso de las 3:30 p.m., y eran 4:30.

Así que bajó a la cocina preparó la cena, pasando dos horas de lapso, notó que algo estaba ocurriendo, así que tocando otra vez insistente la puerta y viendo que nadie abrió, buscó una llave maestra que abría todas las habitaciones. Para sorpresa de ella, su hijo se había ahorcado con un lazo. Y dejando una nota que decía: "Mamá y papá, perdónenme por lo que hice, pero no pude soportar la idea de que ustedes se divorciaran y yo tenga que ir un fin de semana con uno y al otro fin de semana con otro. Mi vida no tiene sentido desde que me hacen bullying en la escuela, mis notas han bajado y a veces ni siquiera voy a estudiar. Ustedes viven tan ocupados y centrados en sus cosas que olvidaron que tenían un hijo. Creyeron que podrían comprarme con ropa, zapatos, juegos, cosas materiales cuando lo que más necesitaba era de su amor, atención y compresión. Ya no seré más una sombra, o un mueble más de esta casa. No sé a dónde voy, pero solo quería decirles que a pesar de todo fueron mis padres y les doy las gracias por todo. Los amo, su hijo".

¿Se pueden imaginar el grito desgarrador de esa madre en ese momento, viendo el cuerpo de su hijo sin vida, impotente porque no podía hacer nada, el coraje, desesperación y angustia por este suceso? Cuando me enteré yo me llevé mis manos a la cabeza y dije no puede ser… Para todos fue algo impactante, de repente y perturbador. Para eso no hay palabras, ni pensamientos porque te bloquean y lo único que dices es ¿por qué? Han sido dos largos años donde mi amiga está superando esa pérdida, lidiando con el duelo, y con la culpa. Nunca sabrás cuán fuerte eres realmente hasta que enfrentes presión, impotencia, dolor insoportable, pero si Dios lo permitió significa que puedes soportarlo. Así como Milena, mi amiga tiene la fortaleza para ponerse en pie cada mañana y seguir adelante cuando siente que no queda nada. Cuando siente ese vacío en su corazón que solo Dios puede sanarlo y llenarlo.

Leí la otra vez de un pequeño pez llamado pez caracol. Vive en lo más profundo del océano, casi a ocho kilómetros (cinco millas) bajo el agua. Ningún otro pez puede sobrevivir a esa profundidad. La presión del agua a esa profundidad es más de mil veces la presión que hay en la superficie y aplastaría a cualquier otro pez. Pero cuando Dios creó a este pez caracol, hizo que sus huesos fueran flexibles para que pudiera soportar la presión. Este pez tiene células especiales, y un sistema digestivo único. La mayoría de los peces tienen un gen para estabilizar proteínas, pero este pez tiene cinco, debido a que está diseñado para manejar la presión, no vive cargado, abrumado. Otro ejemplo es el del águila, verás: esta ave fue creada para volar tan alto, cuando hay tormenta, oscuridad, fuertes vientos y frío, el águila no solo huye de las circunstancias climáticas, sino que sobrevuela muy alto por encima de ella y alcanza su máxima velocidad.

De la misma manera, cuando Dios conoció a tus padres, y te engendrarían, sabía que presiones enfrentarías: presión financiera, presión de crianza con los hijos, presión relacional, presión para lidiar con una enfermedad, si esa presión te aplastara, te derrotara, Dios no las habría puesto ahí teniendo que soportar, claro que no es porque las puedes manejar, enfrentar, lidiar, soportar porque tú eres más fuerte de lo que piensas. Podrás perder una batalla, pero no la guerra, tú eres capaz de vencer la oposición, derribar esas murallas que no te están dejando avanzar y crecer espiritualmente, superar la adversidad. Adopta una nueva mentalidad y perspectiva. Todo lo puedo en Cristo que me fortalece. Amén. Tienes más favor del que crees, estás ungido, elegido, llamado, más de lo que crees.

Eso es lo que le sucedió a Gedeón en Jueces 6. Se ocultaba en un lugar, mientras trillaba el trigo, por miedo a los madianitas que habían rodeado su ciudad. Podrás imaginar la presión bajo la que estaba, cuán abrumado se sentía, preocupado, preguntándose lo que iba a suceder. Justo cuando parecía que no podía soportar más, se le apareció un ángel y le dijo: "¡Guerrero valiente!, el Señor está contigo", Gedeón no se sentía como un guerrero valiente. Se estaba escondiendo, pensaba que era débil, estaba intimidado, tenía miedo. Este ángel está diciendo en efecto: "Gedeón, eres más fuerte de lo que piensas". Gedeón no sabía lo fuerte que era, solo veía que lo rodeaba enemigos, más grandes que él, permitiendo que esta invadiera su mente su corazón. Crees que es tu servidor, que es demasiado para ti, tu prueba, que no la soportaras, no podrás manejarla, pero Dios viene y te dice: "Estoy aquí para decirte que eres valiente, talentoso, eres favorecido, y eres capaz". Gedeón no sabía lo que estaba en él. Veía lo que le rodeaba: enemigos que parecían demasiado grandes, oposición que parecía insuperable. El ángel apareció para recordarle lo que estaba en él. El ángel siguió diciendo: "Gedeón, debes liderar al pueblo de Israel contra los madianitas". Aunque vio a un ángel, estaba convencido, y respondió: "¿Estás bromeando? Vengo de la familia más pobre, y soy el menor en la casa de mi padre. Le estaba diciendo: "Me estás llamando fuerte, me estás llamando héroe, pero ¿conoces mi trasfondo? ¿Sabes de dónde provengo? ¿Ves a lo que me enfrento?". Gedeón no entendía que Dios no nos permitirá que nos metamos en una situación sin Él. Dios ya nos ha equipado para enfrentar esa situación. Si fuera demasiado para poder soportar, si fuera un desafío demasiado grande para poder derrotado, Dios no lo habría permitido. El hecho de que estés en esa situación significa que puedes manejarla. Igual que le sucedió a Gedeón, a vez no pienses eso (las probabilidades están en tu contra, todo parece abrumador, no ves una vía de salida), pero eres más fuerte de lo que piensas. (Osteen, 2021).

El Altísimo está soplando sobre tu vida. Te está diciendo hoy: "Guerrero valiente, levántate. Guerrero valiente, esfuérzate. Guerrero valiente, eres capaz". Podríamos pensar que, después de que el ángel lo llamó guerrero valiente, Gedeón estaría lleno de fe y listo para tomar nuevo territorio, pero seguía sin estar convencido. Dios podría haber pensado: Olvídalo, Gedeón. Si no sabes lo que tienes, si te consideras débil, entonces encontraré a otra persona. Pero Dios nunca nos da la espalda. Quizá tú piensas en todas las razones por las que no puedes vencer, por las que ese problema es demasiado grande y es insuperable, pero Dios seguirá llamándote guerrero valiente. Seguirá diciéndote que eres más fuerte de lo que piensas.

Seguirá impulsándote hacia adelante, mostrándote señales de su favor. Gedeón y uno de sus hombres se colaron en el campamento enemigo para ver lo que estaba sucediendo. Varios ejércitos se habían unido a los madianitas para luchar contra los israelitas. Gedeón tenía solamente trescientos hombres. Parecía una situación imposible. Pero cuando se introdujeron en el campamento, oyeron a uno de los madianitas hablando sobre un sueño que había tenido. El otro madianita dijo: "Sé exactamente lo que significa ese sueño. Dios ha dado a Gedeón y a los israelitas la victoria sobre nosotros". Cuando Gedeón oyó eso, algo se avivó en su interior. Regresó al campamento y les gritó a sus hombres: "¡Levántense! El Señor nos ha dado la victoria". Ya no se sentía débil, abrumado, intimidado. Sabía que era muy capaz. A la medianoche atacaron a los ejércitos enemigos, y aunque les sobrepasaban con mucha diferencia, Gedeón y los israelitas obtuvieron la Victoria.

Este día ve al Santísimo y póstrate ante Él, dile cuánto lo amas y le agradeces por todo lo que te ha dado, techo, familia, esposa, hijos, si estás soltero: unos padres, hermanos, abuelos, en fin, por tu trabajo, por los alimentos que pone en tu mesa, por el calzado, por lo que vistes, porque tienes un techo donde vivir, una cama donde reclinar tu cabeza al caer la noche y poder descansar, podría seguir la lista y sería inmensa.

Una vez se hizo este ejercicio en un taller de oración y vida, del padre Ignacio Larrañaga la maestra dijo: escriban todas las bendiciones que Dios les ha dado cada día, por supuesto unos escribieron diez, otros veinte, cuarenta, bendiciones, les podrá sonar cómico, pero la maestra saco un libro completo. Se pueden imaginar un libro de doscientas páginas solo de bendiciones que el señor generosamente te ha dado. En este día quiero que pienses que eres y has sido un hijo de Dios mucho más fuerte de lo que piensas.

Oración: "Señor Jesús, mi amado rey, hijo de Dios, hoy me rindo ante tu presencia, porque sé que estás conmigo lidiando esta batalla, porque mis enemigos no son más grandes que Tú, y así como se derribaron las murallas de Jericó, de acuerdo con las órdenes del Señor, así mismo como Josué estaré esperando en mis manos tus promesas. Solo tú te llevas la victoria, solo soy un servidor, úsame para honra y gloria tuya. ¡Amén!".

Pensamientos y reflexiones:

EL PODER DEL AYUNO

"Cuando ustedes hagan ayuno no porten cara triste, como los que dar espectáculo y aparentan palidez, para que todos noten sus ayunos. Yo se lo digo: ellos han recibido ya su premio. Cuando tú hagas ayuno, lávate la cara y perfúmate el cabello. No son los hombres que notaron tu ayuno, sino tu padre que ve las cosas en secreto, y tu padre que ve en lo secreto te premiará".

Mateo 6: 16-18

Hermanos, el día de hoy, Dios quiere decirte que el ayuno nos ayuda a vencer defectos y pecados personales, nos sirve para superar nuestras debilidades, y estas a su vez se convierten en fortalezas.

Cuando tú oras a Dios de corazón agradecido y contrito, solo tú sabes que Él te escucha y te recompensará en lo secreto.

No necesitamos ir gritando o pregonando a los cuatro vientos tu ayuno o abstinencia, es similar cuando das ayuda a los demás.

Dios, tu Padre que todo lo ve en secreto, reconoce y premia tu perseverancia, valentía, decisión, esfuerzo y sacrificio, ya sea por algo que le estás pidiendo como: sanación por esa enfermedad, que ese hijo salga de las drogas, que además se convierta, por tu matrimonio, que tu esposo llegue a los pies de Jesús, por ese trabajo que has anhelado tanto por todas que tanto; en fin, por todas las bendiciones que Dios tiene para ti.

En la Biblia encontramos muchos casos de personajes que ayunaron, clamaron a Dios por ese propósito, ese deseo, esa lucha por esa prueba. Ahora bien, entendiendo que el ayuno es voluntario, permitieron que Dios entrara de manera agradable a sus vidas y permitiendo que obrara de una manera especial.

Clases de ayuno:

1. Ayuno total: Es el ayuno más radical, en este caso no se come, ni se bebe nada. Así como el ayuno de Ester: Ester mandó que respondieran a Mardoqueo: "Vete a reunir a todos los judíos que hay en Susa y ayunad por mí. No comáis ni bebáis durante tres días y tres noches. También yo y mis siervas ayunaremos. Y así, a pesar de la ley, me presentaré ante el rey; y si tengo que morir, moriré" Ester 4,16. Este ayuno debe hacerse bajo supervisión médica, ya que el cuerpo necesita, todos los nutrientes y la hidratación para no poner en peligro nuestra salud.

2. Ayuno con agua: En este tipo de ayuno no se come nada sólido, pero se puede tomar agua. Se aconseja hacerlo por periodos cortos y por horas, al igual para no afectar la salud.

3. Ayuno parcial: Es aquel que normalmente hacemos los servidores, podemos comer ciertos tipos de alimentos, pero absteniéndose de darle al cuerpo dulces, golosinas, leche, carnes, café y demás cosas sabrosas, agradables al paladar o que sacien el cuerpo. También beber solo agua y evitar jugos, sodas, refrescos dulces. "Daniel pasó tres semanas como si estuviera en luto. En todo ese tiempo no comió nada especial ni probó carne o Vino, tampoco uso ningún perfume" Daniel 10,2-3.

4. Ayuno de otras cosas: Este ayuno no tiene que ver con la comida. Se trata de dejar por un tiempo cosas que nos agradan, nos gusten o nos hacen perder, quizás mucho tiempo podemos por ejemplo dejar de usar las redes sociales, televisión, el cine durante unos días o Semanas. Otros que suelen hacer las parejas de matrimonios abstenerse de tener relaciones sexuales para dedicarse a la oración, pero solo por un corto tiempo y con mutuo acuerdo de la otra persona.

Este día Dios quiere usarte grandemente, tú tienes potencial hermano y hermana servidora cuando ayunamos, fortalecemos nuestro Espíritu, nos acercamos más a Dios, matamos de alguna manera los caprichos de la carne, así como cuando Jesús iba a comenzar su ministerio se fue al desierto y ayunó cuarenta días, tuvo tentaciones, se le apareció el diablo, sintió hambre, pero Él no se dejó llevar, fue fuerte y pudo hacer la voluntad del Padre, y logró soportar todo lo que se venía: flagelación, pasión, crucifixión. Logró vencer la muerte y a nosotros salvarnos. "Jesús, lleno del Espíritu Santo, volvió del Jordán y fue llevado por el Espíritu al desierto. Allí estuvo cuarenta días y fue tentado por el diablo.

No comió nada durante esos días, pasados los cuales tuvo hambre" Lucas 4:1-2.

"Algo importante que debemos tener en cuenta es que no estamos luchando contra sangre y carne, sino contra potestades, contra los poderes de este mundo y sus fuerzas oscuras, los espíritus, y fuerzas malas del mundo de arriba" Efesios 6,12.

Por eso cuando vamos a la guerra, soldado, prepárate y usa esas armas, entre ellas el ayuno y la oración, para que no se burlen de ti los espíritus mundanos que tienen sometidas esas almas, sino más bien huyan y desaparezcan porque cuando tú vas lleno del Espíritu Santo, no hay oscuridad, mal o demonio que te pueda tocar, o atacar porque con los hijos de Dios nadie se mete. ¡Amén!

Entonces los discípulos, llegándose a Jesús en privado, dijeron: "¿Por qué nosotros no pudimos expulsarlo?" Él les dijo: "Por la poca fe de ustedes, porque en verdad les digo que, si tienen fe como un grano de mostaza, dirán a este monte: 'Pásate de aquí allá,' y se pasará; y nada les será imposible. Pero esta clase no sale sino con oración y ayuno. Mateo 17: 19,21".

Oración: "Santo Dios, te amamos y te bendecimos, quiero darte gracias por tus bendiciones, dame la gracia este día y siempre de ayunar y orar, para estar fuerte ante la crisis y la adversidad, para salir a derrotar gigantes que no me permiten crecer espiritualmente. Continúa dándome fuerzas para hacer este devocional, con el ayuno que te entregue para ir a cumplir tu misión según tu voluntad. Hágase en mí según tu palabra, que vive y reina por los siglos de los siglos. ¡Amén!".

Pensamientos y reflexiones:

_____

_____

_____

_____

_____

_____

_____

_____

_____

_____

_____

_____

_____

_____

_____

_____

_____

_____

_____

_____

_____

LA PALABRA DE DIOS

*"Porque la palabra de Dios es viva y eficaz, y
más cortante que toda espada de dos filos;
y penetra hasta partir el alma y el espíritu,
las coyunturas y los tuétanos, y discierne los
pensamientos y las intenciones del corazón".*

Hebreos 4:12

La intención de Dios es que gobiernes como rey y sacerdote, que tengas dominio. Dios nos da autoridad del reino a los rebeldes. Pedro nos describe la palabra de Dios, nos dice: "Como nosotros nos salvamos siendo renacidos a sin mente corruptible, sino con mente incorruptible por la palabra de Dios que vive y permanece para siempre. La hierba se seca y la palabra se cae más la palabra del Señor permanece para siempre. Y esta es la palabra que por el evangelio nos ha sido anunciada. La palabra de Dios y el señor de la palabra son inseparables". Pedro: 23.25

Hay tres tipos de personas con relación a la palabra de Dios:

1. Algunos la desprecian, los que la niegan, otros no la niegan, sino que no la aceptan, no creen que sea la palabra de Dios.

2. Hay otros que la distorsionan, es decir, tuercen las escrituras para su propia perdición, otros la fragmentan, pero la leen más como un libro de matemáticas, más que como una historia de amor, pueden partir un versículo teológico en partes iguales, pero no parecen entender el mensaje de la Biblia.

3. Pero el mayor peligro son quienes la ignoran, decimos que creemos en la Biblia, pero muchos pasan más tiempo con los periódicos, las modas, la televisión, que con la palabra de Dios.

Muchos no conocemos la Biblia ni sabemos cuáles son los libros que la conforman, pues bien, miremos cómo está confirmada la Biblia para conocer más el libro más editado y vendido de la historia de la humanidad, y siendo, por lo tanto, unos de los textos religiosos más importantes. Al ser un libro escrito a lo largo de los años y por muchos autores distintos, no podemos hablar de una fecha en concreto, siendo datados sus primeros textos en el 1450 a. C. y sus últimos capítulos en el primer siglo tras la muerte de Cristo. Cuatro cosas acerca de la Biblia:

1. Es la irrefutable palabra de Dios, no hay controversia, innegable, no es la palabra de hombres, es la palabra de Dios que vive y permanece para siempre. Existen muchas descripciones para la Biblia, pero Dios mismo la llama palabra de Dios

2. Es la incorruptible palabra de Dios, significa que no tiene ninguna mancha, ni defecto, ni corrupción. Ha permanecido de pie con tanta predicación falsa, piensen en todas las falsas calumnias y contras que se han hecho con la Biblia y aún han permanecido firme.

3. Es la indestructible palabra de Dios. La Biblia permanece por los siglos. Esta mañana leí la Biblia y me llegó al corazón, me fue de alimento y nutrición, también leí el periódico que no hizo nada por mí. Siglo por siglo se han encargado de desterrarla. Ella vive para siempre, no se marchita ni se desintegra.

4. Es indispensable porque su palabra permanece para siempre y por el evangelio nos ha sido enunciada. La predicación de la palabra es indispensable y ninguna iglesia jamás crecerá y prosperará y será una iglesia neotestamentaria hasta que el púlpito sea central y el evangelio sea central en el púlpito. Muchas congregaciones que se hacen llamar religiosas quieren hasta sustituir la palabra de Dios. Dizque para modernizarse y, en cambio, hacer de los dramas, cantos, alabanzas, y conciertos y así poder llegar más al pueblo de Dios y no significa que no esté bien, son métodos buenos, de hecho, nosotros lo hacemos, pero nada puede relevar la predicación de la palabra de Dios. Toda iglesia será poderosa si le dan la importancia a la palabra del Rey.

"Nacemos de nuevo por la palabra de Dios y Jesús se lo dijo a Nicodemo para poder ver el reino de los cielos". Juan 3:3

Oración: "Amado Dios, sé que me amas, y que quieres salvarme. Jesús, tú moriste para salvarme, confío en ti, confieso que soy pecador, mis pecados merecen juicio, pero necesito misericordia. Gracias por cargar con mis pecados en la cruz; te recibo como mi

Señor y Salvador, viviré para ti, ayúdame a no avergonzarme de ti, en tu santo nombre te lo pido, dame la gracia, la perseverancia para leer tu palabra que sea mi alimento diario. En nombre de tu Hijo santo, nombre que está por encima de todo nombre. ¡Amén!".

Pensamientos y reflexiones:

DÍA 36
LAS TENTACIONES DE LOS SERVIDORES

"Ustedes no han sufrido ninguna tentación que no sea común al género humano. Pero Dios es fiel, y no permitirá que ustedes sean tentados más allá de lo que puedan aguantar. Más bien, cuando llegue la tentación, él les dará también una salida a fin de que puedan resistir".

1 DE CORINTIOS 10-13

Durante este caminar han sido constantes las luchas, sobre todo porque ser un servidor de Cristo no es fácil, pero si leemos detenidamente la cita de 1 de Corintios podemos encontrar una gran esperanza, quizás no podemos evitar que lleguen las tentaciones, pero lo que sí podemos evitar es no dejar que nos engañen y caer en ellas.

Ser un servidor es seguir toda la vida en obediencia a donde quiera que Dios nos guíe. Si queremos salvar nuestra vida, debemos dejar de vivir para complacer nuestros deseos y para nuestras decisiones, debemos dejar de pensar que somos el centro de todo, porque si colocamos la vida para servir a Dios y a otros, la habremos ganado. Recordemos que la cruz es cargada por nuestra voluntad, no por imposición, se lleva por decisión propia, puesto que representa la negación de nosotros mismos por el bien de otros y la causa del evangelio. "Entonces Jesús dijo a sus discípulos: Si alguno quiere venir en pos de mí, niéguese a sí mismo, y tome su cruz, y sígame". (Mateo 16:24)

Es muy común encontrar todo tipo de servidores, y está bien, en la viña del Señor todos son aceptados, si no pensemos como eran los apóstoles a quien Jesús llamó, como eran: pescadores, hombres pecadores, con una cantidad de defectos, con un sin número de situaciones personales, con inseguridades, miedos, traumas, frustraciones, y no lejos de la realidad de ellos; así somos nosotros. Pero así nos llamó Dios para ser parte de su rebaño, para pastorear y no dejar que las demás almas se pierdan.

Pero dentro de esa imperfección, Dios quiere usarte, a trabajar por el reino de los cielos, y dentro de tanta incredulidad de estos tiempos, no es fácil soportar rechazos, caras largas, pleitos, problemas, hasta encontrones con nuestra propia familia porque para ser sinceros los más duros de evangelizar, y lograr una conversión, son nuestros seres más cercanos, los que compartimos la misma sangre hay y dichoso aquel que pueda decir con orgullo, sin aras de presumir: "Mi familia y yo le serviremos al Señor" eso es muy lindo y sí es una promesa que está ahí hecha por Dios para nosotros, pero todo sucederá en el tiempo de Dios.

Hoy el Señor quiere llegar hasta lo más profundo de tu corazón, quiere escudriñarte para entenderte un poco más, solo déjate llevar por la palabra de Dios y a través de este día estar dispuesto a que es lo que Dios quiere decirte con esto.

Cuando de tentaciones de un servidor se trata encontramos muchas, pero voy a tratar de mencionar las más comunes, que a lo largo de estos años Dios me ha permitido dejar ver, en mis hermanos servidores. Espero que tengas la suficiente madurez espiritual para identificarte y ver dentro de cuál estas tú. Porque solo así el Señor podrá tocarte de una manera dócil, y amorosa, para cambiar lo que todavía nos cuesta reconocer.

1. La tentación de la autosuficiencia: Es la capacidad, el compromiso y el esfuerzo de proporcionar los elementos espirituales y temporales indispensables para sostener la vida de uno mismo y de la familia. Conforme los miembros llegan a ser autosuficientes, también tienen mayor capacidad para servir y cuidar de los demás" lo cual eso está muy bien, pero ya cuando nos creemos ser capaces de hacer todo, sin necesidad de necesitar o pedir la ayuda del otro, en especial de los hermanos servidores, ya se está creando un poco el sentido de soberbia y la capacidad del yo, es decir primero yo, segundo yo y tercero yo. Excluyendo a mi hermano o a mi hermana que puede aportar mucho más hasta de lo que cada uno dice o piensa tener, es decir: cualidades, dones, carismas, talentos. O también a aquellos servidores que quieren estar en todo a la vez, ocupando varios servicios a los cuales no han sido llamados, y descuidando el que verdaderamente nos han dado. Ya es muy diferente cuando terminas uno y por voluntad propia quieres servir en otro o te lo han mandado hacer.

Debemos tener mucho cuidado con esta tentación porque el diablo es soberbio por naturaleza y no quiso compartir con los demás esos dones y talentos que Dios le había dado para beneficio de otros ángeles y criaturas.

2. Tener un espíritu de vanagloria y querer solo recibir aplausos y reconocimientos: También es muy común encontrar dentro de los hermanos servidores, aquellos que, por su buen servicio, eficacia, compromiso y eficiencia, caen en la tentación de vanagloriarse, y no olvidemos que en la Biblia la vanagloria es un término que se suele utilizar para describir la arrogancia, el orgullo o la presunción. Es una actitud que lleva a las personas a exagerar sus logros, habilidades o éxitos, y a buscar la admiración y el reconocimiento de los demás. Cuando lo contrario que se pretende es que seamos humildes y modestos en todo lo que hacemos.

3. Competir: Esta es una de las tentaciones más preferidas por Satanás, por consecuencia lleva al servidor a un espíritu de envidia, y de arrogancia, porque está descuidando su proceso al cual lo quiere llevar Dios, y no están completamente entregados al Señor y luchan y trabajan para sí mismos. El que compite, sufre y alimenta rencor, porque cree que cada éxito ajeno es injusto. Busca puestos o subir de rangos, como si eso fuera un precedente a la hora de ser utilizado por el Señor, pues más se vale Dios de un corazón humilde y dispuesto que de títulos o jerarquías.

4. Trabajar para un grupo y no para la Iglesia: Este es un tipo de tentación muy frecuente, porque llegamos a creer que la finalidad es engrandecer un movimiento, una congregación o parroquia, como lo que nos señala Pablo en 1 de Corintios 11-13. Partidisimo y no cuerpo. Facciones y no Iglesia, hay servidores que no participan en una misión porque no son ellos los que han organizado. El Señor ofrece muchos instrumentos, se vale de medios para que no encerremos al Espíritu Santo en una jaula, cuando lo que busca el Cristo es libertad en el espíritu, hay que gozarnos

de cada aporte, y unirnos e integrarnos en los grupos de la parroquia para conocer de los carismas, ya que estamos al servicio de un mismo Dios, no el Dios que profesa cada quien. También el que llega a caer en querer pretender convencer los grupos de profesar su fe, como si fueran campañas políticas, multiniveles o puestos de oposición. No, mi hermano, mi hermana, así no son los caminos de evangelización. Estaríamos cayendo en los caminos del mundo, los cuales agradar a los hombres, y alejarnos de los planes y designios del Señor tu Dios.

5. Temer el poder del Espíritu: Desde el momento en que hemos nacido de nuevo en el Espíritu, ya no le pertenecemos al mundo, aunque estemos en el mundo, pues sabemos como servidores el poder con el que se manifiesta Dios. Cuando un servidor tiene envidia o temor de perder su autoridad, su actuar no se funda en la fe, el Señor puede obrar de manera misteriosa, e imprevista, por eso nos genera zozobra, y temor al poder del Espíritu Santo, cuando tú vas a imponer las manos le debes dar libertad al espíritu santo para que se mueva con fuerza y poder, sin necesidad de que tú sientas nada, Dios te ha dado autoridad, y vas en el nombre del Señor, Él solo te está utilizando como instrumento, ya sea para sanar o liberar. Así que no detengas y ve confiado en el Señor que todo viene de Él: su espíritu, su gracia, su fuerza, poder, sabiduría, y sobre todo honra a los que le son fieles. ¡Amén!

Oración: "Buen Dios y Padre eterno, sanador del cuerpo y alma, venimos ante ti, reconociendo nuestras debilidades y tentaciones. Ayúdanos a continuar creciendo en fe y confiados para seguir haciendo lo mejor posible nuestro servicio. Sabemos que no hay nada imposible para ti, y sigues haciendo milagros de sanidad, liberación, creación, provisión, multiplicación de salvación y transformación. Por eso cierro mi corazón a toda duda y lo abro para ser lleno de esa fe que hace lo imposible posible. En el nombre de tu hijo Jesús. ¡Amén!".

Pensamientos y reflexiones:

_____

_____

_____

_____

_____

_____

_____

_____

_____

_____

_____

_____

_____

_____

_____

_____

_____

_____

_____

_____

_____

_____

_____

DÍA 37
UNA MUJER LLAMADA MARÍA, LA LLENA DE GRACIA

"Alégrate, llena de gracia, el señor está contigo".

Lucas. 1:28

Cuánta belleza y amor es capaz de experimentar un corazón humano, que el mismo Dios fue atraído hasta las entrañas de una mujer, yo diría una niña, aunque no se conoce con exactitud cuántos años tenía María cuando nació Jesús, se dice que entre catorce a dieciséis años. Pero en los judíos era normal que las mujeres muy jóvenes se casaran y fueran aptas para tener hijos.

Una mujer llamada María, Dios la creo para encarnar a su Hijo, simplemente por amor, porque solo el amor puede generar vida y vida en abundancia. La anunciación es un acontecimiento que, hasta la fecha, sigue llenando corazones, generando múltiples alegrías y millones de esperanzas, al repetir las palabras del arcángel Gabriel a María, palabras que nacen de la profundidad de la divinidad, palabras llenas de fuerza, pero sobre todo de confirmación, bendición y protección. Escuchar a Dios mismo, a tu creador, llamarte por tu nombre, llamarte no solo con su voz, sino con todo su ser perfecto, con palabras que penetran, liberan y que fortalecen el abandono en quien nos sostiene.

¡Alégrate! Dios, fuente y creador de la alegría, te motiva a estar alegre, pero no solo de dientes para afuera, te invita a alegrarte desde el espíritu, (un corazón que ama a Cristo no puede estar triste). ¡Llena de gracia! Eres la joya más preciada de Dios, eres el favorito o la favorita de Dios en la ternura, en la unidad de corazón a corazón, fortalecida por la confianza que un hijo o hija tiene hacia su Padre. ¡El Señor está contigo! Uno de los regalos más grande que una criatura podría experimentar, tener a Dios por el simple hecho que Él así lo quiere, el Dios de la libertad y de la voluntad decide estar en ti, simplemente porque te ha guardado en su corazón.

No temas María, porque has hallado gracia ante Dios. Hoy, estas palabras del Altísimo también son para ti, te llama por tu nombre y te dice como a María: *No temas, has hallado gracia ante mí*, desde antes que nacieras, por eso te he regalado la vida, por eso te he regalado a mi hijo Jesucristo, para que vivas para siempre, para que seas más humano, más pleno en el amor.

Que Jesucristo, Dios y Hombre verdadero, concebido por obra y gracia del Espíritu Santo en María, se encarne también en nuestros corazones, para lograr configurarnos con Cristo en esta sociedad hambrienta de amor, siendo instrumentos de Dios en la construcción del reino.

Ser ejemplo no solo para las madres, sino para todos nosotros, o al menos para todo aquel que quiera ser discípulo de Jesús. En la Biblia, Dios llama a cada uno por su nombre: a Abraham, a Moisés, a Samuel, a San Pablo, etc., a María el nombre que le da es "llena de gracia", es decir, ella es la toda santa, de la cual nacerá el Señor. Este detalle es muy importante porque es la razón por la cual la Iglesia católica venera la figura de María, porque fue el mismo Dios quien primero rindió un homenaje a aquella que cumpliría un papel fundamental en la redención humana. Así, la madre de Jesús debe ser ejemplo para todos y para las madres, porque ella encerró en su vida las más grandes gracias que existen en el Evangelio: la prudencia, la humildad, la serenidad, la paz, la obediencia, la fortaleza, la diligencia, la sabiduría, y muchas otras cosas más, que yo creo que todos desearíamos tener o al menos ir alcanzando.

> Cada madre debe ser un ejemplo para su familia y para esta sociedad, tratando de alcanzar en sus vidas esos hermosos valores de "saber guardar las cosas en el corazón" (Lc. 2, 51), de vivir una vida de pureza sin tacha, de prudencia, de obediencia a la palabra de Dios, de laboriosidad, de sacrificio y aceptación de la voluntad de Dios, estoy seguro de que hay muchas madres que cumplen esto en sus vidas, pues sufren en silencio los desprecios de un hijo, de un esposo, viven en silencio el sacrificio por darlo todo para sus hogares y desde luego luchan con fuerza contra las situaciones de humillación, discriminación, a las que muchas veces están sometidas. (Mora citado en Cáceres, 2015).

Hoy Dios quiere llevarte a un recuerdo de introspección, que traigas a tu mente, a tu madrecita terrenal, sí, la que Dios te ha dado y pienses todo lo que ella hizo por ti, cuántas veces se desveló, te cuidó cuando estabas enfermo, se quedó sin cenar por dártelo a ti, cuánto se sacrificó para brindarte un bienestar, mejores oportunidades, te dio amor, cariño, comprensión, ternura. Y aunque haya fallado en algunos aspectos mencionados, fue el ser que te dio la VIDA. Fue la madre escogida para ti por Dios, así que hoy lo único que nos queda que recordar es gratitud y generosidad por esa mamá, si ya partió a la casa del Padre, oremos por su alma y eterno descanso. Si todavía vive, llénala de amor y hazle saber que es importante y ocupa un lugar privilegiado en tu mente y en tu corazón.

Oración: "Amado Dios, Tú que nos diste a tu hijo y con ella a la Santísima Virgen María, nuestra Madre Celestial, te damos gracias porque ella intercede por nosotros ante su hijo Jesucristo, Tú la elegiste desde mucho antes que naciera nuestro Señor, por ser colmada de virtudes y de gracias, valiente para enfrentar la vida, de callar cuando no entendía, de meditar y obedecer tu palabra, te pedimos que nos des la fuerza de voluntad, la sabiduría como madres para criar a nuestros hijos y así como María ser buen modelo y ejemplo en nuestra misión como madres, hijas, esposas, abuelas, hermanas y compañeras. ¡Amén!".

Pensamientos y reflexiones:

DÍA 38
EL DISCERNIMIENTO

"Y esto pido en oración: que vuestro amor abunde aún más y más en conocimiento verdadero y en todo discernimiento, a fin de que escojáis lo mejor, para que seáis puros e irreprensibles para el día de Cristo".

Filipenses 1,9-10

El discernimiento es lo que nos permite tener una comprensión adecuada y hacer juicios sabios. Piense en ello como un nivel elevado de pensamiento crítico. La definición del diccionario de discernimiento es: "discriminación; agudeza de juicio y comprensión". El discernimiento es similar a la sabiduría, pero ofrece un enfoque más específico. La diferencia principal entre los dos radica en la distinción de discernimiento que puede ayudarnos a descifrar lo correcto de lo incorrecto, la verdad de la falsedad. La Biblia deja en claro que el discernimiento es algo que todos debemos desear y que es necesario para ayudarnos a crecer en nuestra fe y evitar que seamos engañados (Hebreos 5: 14): "A los adultos se les da un alimento sólido, pues han adquirido la sensibilidad interior y son capaces de distinguir lo bueno y lo malo."

Salomón, cuando Dios le dio la oportunidad de pedir cualquier cosa, pidió "discernimiento para gobernar a su pueblo y para distinguir entre el bien y el mal. (1 de Reyes 3:9)". A Dios le agradó la petición de Salomón y le prometió: "... he aquí que te he dado corazón sabio y entendido que discierne, tanto que no ha habido antes de ti otro como tú, ni después de ti se levantará otro como tú. (1 de Reyes 3: 12) Es interesante notar que Dios mismo específicamente mencionó la sabiduría y el entendimiento (o discernimiento) individualmente. Sin embargo, el discernimiento no es solo para los reyes. Es para todos los creyentes.

Pablo oró por el discernimiento para los creyentes: "Esto es lo que pido en oración: que el amor de ustedes abunde cada vez más en conocimiento y en buen juicio, para que disciernan lo que es mejor, y sean puros e irreprochables para el día de Cristo, llenos del fruto de justicia que se produce por medio de Jesucristo, para gloria y alabanza de Dios. (Filipenses 1: 9–11). El discernimiento es algo que debemos pedir y buscar si realmente deseamos vivir rectamente. Oseas 14:9-10 dice: "Que los sabios entiendan estas cosas. Que los que tienen discernimiento escuchen con atención. Los caminos del Señor son rectos y verdaderos, los justos viven al andar en ellos; pero en esos mismos caminos, los pecadores tropiezan y caen." No podemos seguir los caminos del Señor sin discernimiento.

Necesitamos discernimiento para entender la Biblia misma. Nuestras mentes humanas no pueden entender las Escrituras sin el discernimiento que viene del Espíritu Santo. "El que no tiene el Espíritu no acepta lo que procede del Espíritu de Dios, pues para él es locura. No puede entenderlo, porque hay que discernirlo espiritualmente" 1 Corintios 2:14. Las Escrituras nos hacen sabios, pero esto no puede suceder a menos que tengamos el discernimiento para entenderlos. Hay sabiduría que necesitamos para nuestras vidas que se encuentra en la palabra de Dios. "Porque la palabra de Dios es viva y eficaz, y más cortante que toda espada de dos filos; y penetra hasta partir el alma y el espíritu, las coyunturas y los tuétanos, y discierne los pensamientos y las intenciones del corazón" (Hebreos 4:12 – RVR1960).

El discernimiento es de crucial importancia para nuestras vidas como creyentes en Cristo, y con ello vienen grandes beneficios. Proverbios 3: 21–24 dice: "Hijo mío, no pierdas de vista el sentido común ni el discernimiento. Aférrate a ellos, porque refrescarán tu alma; son como las joyas de un collar. Te mantienen seguro en tu camino, y tus pies no tropezarán. Puedes irte a dormir sin miedo; te acostarás y dormirás profundamente» (NTV).

El rey David pidió discernimiento, y nosotros también deberíamos (Salmo 119: 125). Podemos estar seguros de que Dios nos proporcionará la sabiduría y el discernimiento que necesitamos cuando se lo pidamos, porque Él desea que vivamos una vida cristiana empoderada, llena del entendimiento que necesitamos para seguir a Cristo (Santiago 1: 5).

Y es que con el discernimiento hermanos podemos ahorrarnos muchas equivocaciones, inseguridades y toma de decisiones desacertadas en medio de tu incertidumbre, sigue dando gracias a Dios, por lo que está obrando en tu vida, el proceso que estás llevando quizás lento, pero significativo, siempre pregúntale a Dios antes de tomar una decisión, iniciar un proyecto, cumplir una nueva meta que es lo que más te conviene según los planes y propósitos que Dios ya ha elegido para ti. Y de seguro, muchas veces te librará de errores, o te quitará del camino aquello que no te conviene y así llegarás a una comprensión total de la realidad. Sentirás paz, gozo, mayor bienestar y seguridad.

Oración: "Señor, te alabamos y te bendecimos, eres el camino, la verdad y la vida. Nos reconocemos débiles, solo tú nos llevas por el buen camino. Te pedimos que nos des discernimiento para elegir a quienes nos van a gobernar, ya que tú conoces su corazón y sus verdaderas motivaciones, permítenos centrar nuestra mirada en lo espiritual, en lo trascendente, en lo eterno, que mire más allá de lo material desprendido de mis propios intereses personales. Hoy puedo testificar que tus planes para mi vida han sido de bien y no de mal, permíteme vivir en armonía con los demás, extendiendo la paz que tú me has brindado. ¡Amén!".

Pensamientos y reflexiones:

_____

_____

_____

_____

_____

_____

_____

_____

_____

_____

_____

_____

_____

_____

_____

_____

_____

_____

_____

ESTAMOS LLAMADOS A LA SANTIDAD

"Si es santo el que los llamó, también ustedes han de ser santos en toda su conducta, según dice la escritura: Sean santos porque yo soy santo".

1 de Pedro 1:15,16

¿Cómo estamos llamados a la santidad? ¿Y quién es un santo? Podemos recordar a varios santos, por ejemplo: San Martín de Porres, un santo peruano, un hombre mulato que quizás no tuvo la oportunidad de ingresar a una escuela, pero deseaba ser santo. Era peluquero, lo consideraban médico y era un hombre normal como tú y como yo.

Era una persona que deseaba vivir la vida con felicidad y al servicio de los demás, y este era San Martín de Porres. Por lo tanto, cuando quiso entrar a un convento, entró a la congregación de los padres Dominicos y le ofrecieron ser el barrendero del convento, y él, con mucha alegría, lo aceptó y lo asumió, convirtiendo ese trabajo y esa escuela en su lugar de santidad. Por eso, cuando hacía las cosas bien, comenzó a ser santo.

Si tú y yo estamos llamados a ser santos desde tu contexto en el que te desenvuelves, ya seas mamá, profesor, estudiante, albañil, plomero, jardinero, abogado, médico, enfermera, sacerdote, religiosa, esposo o esposa, servidor o servidora, no importa el rol que tengas y el oficio o profesión en el que te desempeñes, sé una buena persona, un buen ciudadano, ama a Cristo sobre todas las cosas, cumple con los mandamientos; por eso, la santidad inicia precisamente por ahí y es la identidad de Dios. Si leemos en el libro de Génesis, en todo lo que creó, vemos que termina los relatos diciendo: "Y vio Dios que todo era bueno". Hermanos, un principio de santidad es obrar bien, es hacer las cosas bien, lo que te toca, sin estar quejándote o de mal humor, porque eso te va a alejar de la santidad. Esa es nuestra meta, nuestro camino: llegar a la santidad, y es posible porque Dios nos llama. Si Él nos invita, es porque es posible.

El problema es que nosotros muchas veces le ponemos obstáculos a nuestra vida, desidia, a nuestras decisiones, a los proyectos. Entonces, puedes claudicar, frustrarte y renunciar. Muchas veces, dejamos de lado lo que nos puede llevar a ser santos y nos volvemos amargados, tristes. Si estamos llamados a ser discípulos de Cristo, a contarle al mundo lo que Dios hizo y está haciendo en nuestras vidas, estamos llamados también a la santidad. No necesitamos ser sacerdotes, religiosas, monjes o consagrados; tenemos que trabajar y tenemos esa responsabilidad y ese compromiso. Es un camino en el que todos vamos haciendo un proceso.

El primer signo de la santidad es el amor que amamos sobre todas las cosas. Si amamos a quienes nos aman, Jesús dice que mérito tenemos; eso lo hace cualquiera. Jesús nos invita a dar un paso más allá, que es amar a aquellos que nos han hecho daño, amar a los enemigos, es respetarlos como personas, es considerarlos también hijos o hijas de Dios. Orar por aquellos que nos persiguen, una actitud orante, cuando oramos de verdad y le abrimos el corazón a Dios en ese diálogo profundo. Sirviendo a los demás sin condiciones, sin límites, sin buscar nuestros intereses. No debe ser un servicio para ocupar un puesto, un cargo o buscar halagos, aplausos o reconocimientos. Solamente orar cuando tenemos dificultades o necesitamos pedir favores, o amar solo a quienes nos caen bien y nos agradan, considerarlos nuestros amigos.

La invitación es que te aventures, te propongas ser santo, que seas hijo o hija de Dios, porque tu propósito es la santidad, y vas a ser santo en la medida en que realices las cosas de la mejor manera. En la medida en que te entregues generosamente a los demás y cuando ames sin condiciones, ores constantemente en casa, en el trabajo, en el servicio, movido por el amor al prójimo y no por intereses egoístas, estarás haciendo el 1%, y eso marca la diferencia y la excelencia. Porque Dios ya está haciendo el 99% restante. Nuestra meta: ser santos como Dios es santo. ¡Amén!

Oración: "Padre Amado, te doy gracias por amarme y cuidarme. Te pido perdón si en algún momento mi fe se debilitó. Dame la gracia para seguir en ascenso, en busca de la santidad, un camino difícil pero glorioso. Aumenta mi fe y dame fuerza para continuar en este caminar. En el nombre de tu hijo amado Jesús. ¡Amén!".

Pensamientos y reflexiones:

DÍA 40
SAL A RESCATAR MUCHAS ALMAS PARA CRISTO

"Y les dijo: Seguidme, y yo os haré pescadores de hombres. Al instante dejaron las redes y lo siguieron".

Mateo 4:19-20

Nos encontramos en este último día de devocional con esta cita bíblica tan bella, donde Jesús le dice a Pedro: "Sígueme y te haré pescador de hombres", porque Jesús conocía muy bien cuál era la misión de sus discípulos, quienes ellos sin poner a duda la persona de Jesús, el mesías, el Salvador, los hombres dejaron sus redes y lo siguieron, un pescador de hombres significa ser pescador de seres humanos: niños, hombres, mujeres sin distinción alguna, porque para nuestro Padre, todos somos iguales. No hay judío, ni griego; no hay esclavo, ni libre; rico o pobre, no existen discriminaciones, porque todos somos uno en Cristo Jesús.

El ministerio más grande que pueda tener una persona es el de la reconciliación, es decir, acercar a las personas a los pies de Jesucristo. Este mundo necesita a Dios y tú eres el llamado a direccionar a una generación de las tinieblas a la luz admirable. Mantener presente en tu corazón la razón por la cual Cristo murió es lo que va a despertar en ti la pasión para predicar el mensaje de salvación, así como un día el amor del Padre alcanzó tu vida y te mostró su misericordia, es necesario que hagas con todos los que te rodean, cualquier momento es oportuno para predicar el evangelio del Reino. Ser un ganador de almas, es hacer que el cielo viva en continua celebración, es alegrar el corazón de Jesús al mirar cómo hay personas que llevan la misma carga que él tuvo por la humanidad, Dios no quiere que ninguno se pierda y cuenta contigo para llegar al perdido por medio de ti y rescatar su alma del abismo. Ganar almas debe ser el deleite más hermoso de un hijo de Dios, ya que está cumpliendo uno de los mandamientos que Jesús nos dejó en la tierra, que es "id y haced discípulos". Y recuerda lo que está escrito en el libro de Santiago 5.20: "Sepan que el que aparta a un pecador de su mal camino salva un alma de la muerte y hace olvidar muchos pecados".

Cuando nos embarcamos en esta hermosa aventura y locura de amor, perdemos quizás amistades, familiares que nos tachan de fanáticos y nos señalan con el dedo, nos dicen que quizás hemos perdido la cordura, porque nuestras actitudes cambiaron, ya no frecuentamos los mismos sitios de antes, ni hacemos cierto tipo de rutinas o actividades de nuestra vida pasada. A partir que tú tuviste ese encuentro personal con Dios ya no vuelves hacer el mismo, quieres compartir el amor de Cristo y contar lo que Dios ha hecho por ti. Es por eso que este último día, donde por cuarenta días has caminado bajo la dirección del Señor, ayudándote a cruzar por un desierto entre ayuno y oración, Jesús te dice:

"Sal a rescatar muchas almas para mí" y es que en estos tiempos de aflicción e incertidumbre, donde la necesidad toca a la puerta, la persecución de los hombres continúa, debemos ser esos trabajadores que vayamos por más almas, miles y miles de testimonios por el mundo han llegado a millones de personas para darles a conocer un Dios vivo, un padre amoroso y fiel que te está esperando con los brazos abiertos, solo faltan esos hombres y mujeres valientes que salgan al encuentro, revestidos de la Gracia y con la armadura de Cristo.

¡Hermanos! Si tienes un llamado, no dudes por un instante que esa será tu misión, así que no tengas miedo soldado, empuña y levanta esa espada y sal a rescatar almas para Cristo, despierta ese celo espiritual por las almas, ya tenemos una guerra declarada contra el enemigo así que ánimo porque el Señor va delante de ti, declaro en fe que saldremos triunfantes porque tenemos un Dios que nos respalda y siempre se lleva la victoria ¡Vayamos en el nombre de Jesús! ¡Amén!

Oración: "Gracias, eterno Dios, por disponer mi alma, mi mente y mi corazón durante cuarenta días, me has llevado de victoria en victoria, porque solo Tú eres santo, solo Tú, Señor. Te amo y en agradecimiento, quiero ser un soldado de tu ejército, quiero llevar tu palabra a las naciones y rescatar muchas almas para ti. Envía más trabajadores a tu viña, Señor, porque la mies es mucha y los obreros pocos" Mateo 9: 35-38.

Pensamientos y reflexiones:

_____
_____
_____
_____
_____
_____
_____
_____
_____
_____
_____
_____
_____
_____
_____
_____
_____
_____
_____
_____
_____

POEMA FRAGMENTO DEL LIBRO CON UN PIE EN LA TIERRA Y OTRO EN EL CIELO

De Domingo Fragapane

Como gigante, armado
hasta los dientes,
fortalecen nuestra fe
de combatientes
con el espíritu de Cristo
que labramos.

Aun las ocultas luchas
que llevamos
contra enemigos invisibles
pero reales,
no son menos peligrosas
y mortales que las hondas cicatrices
que mostramos.

Porque en sí, la vida
nos enmarca,
una misma manera
de existir;
todos luchamos duro
por vivir
nadie pone término
a la parca.

Mas, no estamos solos,
en esta guerra,
hay quien pelea por nosotros
el combate;
el que ayudó a David en
aquel lance
también nos librará en esta
contienda.

Porque triunfar sobre la muerte
es el anhelo
por los méritos del Redentor
es la victoria,
y al final gritaremos:
Loor y gloria
al Padre eterno y a su hijo
Nazareno.

Así el último Goliat será

Vencido

la intrusa, lamerá del polvo

la derrota;

a la final trompeta, luenga

y victoriosa,

se levantarán los muertos

redimidos.

DIANA ZAMORA

LISTA DE REFERENCIAS

- Biblia Católica de América. 2019. Penguin Random House.

- Biblia Católica Latinoamericana. 2005. Editorial Verbo Divino.

- Devocional Soy Mujer Valiosa. Fortaleza para la vida. 2021. Editorial Imperial Crowned by Success

- Díaz, Padre Alexander. "Sin Dios el mundo agoniza". *The Arlington Catholic Herald*. 2021, Web, https://www.catholicherald. com/es/article/en-espanol/opinion/sin-dios-el-mundo-agoniza/

- Frank, Albert. *¿Ya hiciste tu devocional?* 2021, Publicación independiente.

- Rubalcava, Ricardo. "La perseverancia". *Catholic.net*. S.F., Web. https://es.catholic.net/op/articulos/43317/ cat/31/la-perseverancia.html#modal

- Mora, Adolfo, citado en Cáceres, Berta. "La Virgen María, ejemplo de todas las madres". *Revista Petra*. 2015, Web, https:// revistapetra.com/la-virgen-maria-ejemplo-de-todas-las-madres/

- Osteen, Joel. *Eres más fuerte de lo que piensas*. 2021. Faith Words.

Made in the USA
Columbia, SC
28 August 2024

40607018R00143